“举一致用”思政课大概念教学

杨 亮 著

合肥工業大學出版社

图书在版编目(CIP)数据

“举一致用”思政课大概念教学/杨亮著．--合肥：合肥工业大学出版社，2024.--ISBN 978-7-5650-6928-4

Ⅰ.G641

中国国家版本馆 CIP 数据核字第 2024VM9337 号

“举一致用”思政课大概念教学

杨　亮　著　　　　责任编辑　王　丹

出　版	合肥工业大学出版社	版　次	2024 年 12 月第 1 版
地　址	合肥市屯溪路 193 号	印　次	2024 年 12 月第 1 次印刷
邮　编	230009	开　本	710 毫米×1010 毫米　1/16
电　话	基础与职业教育出版中心：0551-62903120	印　张	9.5
	营销与储运管理中心：0551-62903198	字　数	161 千字
网　址	press.hfut.edu.cn	印　刷	安徽联众印刷有限公司
E-mail	hfutpress@163.com	发　行	全国新华书店

ISBN 978-7-5650-6928-4　　　　定价：48.00 元

总 序

超越优秀，成就名师

广东省这一轮中小学“百千万人才培养工程”初中文科名教师培养对象的系列专著陆续出版了。作为这个项目的主持人和导师，我想说几句话，权作这套书系的总序。

优质的教育需要优秀的教师，基础教育的高质量发展也需要教师的高质量发展。因此，培养和造就高质量的教师成为国家、教育行政部门和学校的重要任务，而成就卓越、实现专业的终极发展也应是教师自我的追求。

为贯彻落实中共中央、国务院关于全面深化新时代教师队伍建设的有关部署要求，进一步加强广东省中小学教师队伍建设，培养造就一大批教育家型教师、卓越教师和骨干教师，努力营造优秀教育人才脱颖而出的制度环境，2020 年广东省实施了新一轮中小学“百千万人才培养工程”。

该工程以打造广东省中小学高层次人才队伍为目标，建立完善省、市、县三级分工负责、相互衔接的中小学教师人才培养体系，坚持系统设计、高端培养、模式创新、整体推进，注重发挥教育家型教师、卓越教师和骨干教师的示范引领作用，辐射带动中小学教师队伍整体素质的提升，为加快推进广东省教育现代化提供坚实的师资保障和人才支持。

该工程主要目标任务：到 2035 年，省级培养项目培养数以千计师德师风高尚、教育理念先进、理论知识扎实、教育教学能力强、管理水平高，具有国际视野、创新精神、较大社会影响力和知名度的教育家型教师；市级培养项目培养数以万计的卓越教师；县级培养项目培养数以十万计的骨干教师。

2021年7月，广东省“百千万人才培养工程”初中文科名教师项目立项。经过多轮遴选，35位来自全省各地市的初中文科教师成为名教师培养对象。他们都是45岁以下，具有高级职称，在教学和研究上都已取得一定成绩的优秀教师，基本上都有市级优秀荣誉，其中不乏全国和广东省优秀教师、特级教师。我有幸成为这个项目的主持人和导师组组长。我给培养对象定的目标就是通过三年培养，在三年或者再长一点的时间内，35位教师都能成为教育家型的“粤派名师”。

对于这35位教师，我要致以诚挚的谢意和敬意。因为，他们都很优秀，都很年轻，都很努力。

当前中小学存在一种普遍现象，有的教师在获得优秀称号或40岁之前都有着较高的成就动机，比较明确的努力目标、奋斗方向，那就是要争取“优秀”，且都为成为“优秀”付出了艰辛和心血。但随着优秀称号或高级职称的获得，有的教师便产生“优秀（职称）到手万事休”的享乐心理，自认为在专业上已是“船到码头车到站”“多年媳妇熬成婆”了，沾沾自喜于“优秀”和高级职称，故步自封，不自觉地失去成就动机，不思进取。年龄相对较大的优秀教师就有“人到中年万事休”的知天命心理，认为自己人生渐入或已入不惑之年，身体已不如壮年，且在新课改中和青年教师相比，很多方面都处于劣势，没有多大必要再像原先那样拼死拼活去追求新的发展目标。如此，他们消磨了斗志，失去了再发展的方向，不再一如既往地投身教师工作，只抱着“当一天和尚撞一天钟”的态度一味地吃老本、混日子、摆架子，甚至干脆逃避工作。

初中文科名教师项目中的35位培养对象，都摈弃了以上心理，他们已经功成名就，且上有老下有小，却没有“躺平”，没有“佛系”，也没有“固化”，而是继续在为自己的专业再发展，搞课改、做课题、出专著、提主张、带后进、帮薄弱，为使自己走得更远而努力。这怎能不让我感动而对他们感谢和致敬呢？

当然，也正因如此，我的责任和压力更大了。如何带领这35位优秀教师一起成长，最终使其成为教育家型的“粤派名师”，就成为我必须思考的问题和今后三年的重要工作任务。我虽倍感压力，但信心满满。

教师的专业发展受外部因素和内在因素的制约，是教师主体与周围环境相互积极作用，通过主体的各种实践活动而实现的。“人在社会中推进生命历程的时候，除了受到环境因素的影响之外，还要受到个人的能动性和自我选择的影响。”[①] 教师需要更多的“内生性”成长，而非“外铄性”成长。教师专业发展既是社会身份的获得，又是教师专业内在价值的体验与获得。广东省中小学“百千万人才培养工程”给老师们提供了一个平台，创造了成长的机会和条件。但是，如果没有培养对象自我发展的意识和行动，仅靠工程来打造是不可能实现专业再发展的。因此，在这里，我想对35位培养对象提出几点希望。

首先，树立专业再发展的意识和成就名师的信心。

柯林斯说：“因为优秀，所以难以卓越。”卓越之难，在于远超优秀的境界。各位名教师培养对象都是具有了一定成绩和成就的优秀青年教师，有的还具备了令人称羡的荣誉和名号，是教师在专业发展中的先行者。但是，从教师专业发展的角度来说，优秀只能是代表其以往专业生涯的成绩，而未来的专业之路并不因其拥有优秀称号就必然取得更大的成就。教师的工作是一个动态、复杂的专业领域，充满了未知和不可预测，不可能有现成的模式和套路因循，教师的专业活动永远处于变动、探索和创新之中。因此，教师的专业发展必然是个持续性和动态性的过程。布莱克曼对教师专业发展的定义：不论时代如何演变，不论是自发的还是受赞助的，教师始终都是持续的学习者，此种学习就是专业发展。

基于此，专业发展应贯穿每个教师的整个专业生涯，永无止境，优秀教师更应如此。优秀是对以往成绩的肯定，是现在立身的基础，更是未来发展的起点，优秀教师必须不断超越、臻于卓越。《国家中长期教育改革和发展规划纲要（2010—2020年）》提出“鼓励教师和校长在实践中大胆探索，创新教育思想、教学模式和教育方法，形成教学特色和办学风格，造就一批教育家”。广东省中小学“百千万人才培养工程”的任务也是“培养教育家型教师”。教师专业发展的最终目标就是努力“成为教育家”，实际上就是在已有的优秀基础上再达到一种新的境界，即本着自身的禀赋、才具、特点与教育积淀，在创造性的实践与探索的过程中形成自己鲜明的专业个性、特质，显示独特的教育价值。李海林教授认为，教师要实现“二次发展”。实际上，教师应该坚持终身发展。所以，作为以往的优秀教师、名教师的培养对象应忘记以往的荣耀，站在新的台阶和起点上，迈步从头越，实现再次发展、终身

---

① 刘捷．专业化：挑战21世纪的教师［M］．北京：教育科学出版社，2002.

发展，追求成名师、敢于成名师，朝既定的教育家型的"粤派名师"目标前进。

其次，基于已有的个性，建立自己的教学主张和教育范式。

很多老师为什么在专业上难以持续发展，在发展到某个阶段后就停止发展，有的老师在取得一定成绩后如昙花一现，陷入"一优秀就沉沦"的泥沼，其重要原因就是未找到自身的新的发展点。教师在"优秀"后必须有新的兴奋点、切入点，否则极易陷入目标低迷、激情不再、专业固化的困境。要突破这种困局，必须寻找从我们自身专业发展轨迹中延伸出来、向高处登攀的阶梯。教育是科学更是艺术，是一种创造性的活动。教师必须以创造和个性才能更好地完成这项活动，也只有创造和个性才能让教师感受到工作的幸福，从而不懈地努力追求更高的目标和境界。

优秀教师、名教师培养对象的个性特点在专业生涯中已逐步显现，这正是我们再发展的新的兴奋点、切入点。从此出发，在教育科学理念的引导下，在实践中不断磨砺、丰富、完善，形成并凸显教学特色，体现出有鲜明个性和独特教育价值的教学主张与教育范式①，这可以也应当成为我们专业再发展的生长点。拥有个性化和独具教育价值的教学主张和教育范式是优秀教师"教育自觉"的关键性标志，是其成熟成功的核心因素，是其产生和保持影响力的重要原因，是具有影响力的优秀教师与一般优秀教师的显著区别，也是优秀教师走向教育家的津渡。于漪建立了"人文教育"的主张和范式、李吉林建立了"情境教育"的主张和范式，李庾南建立了"自学·议论·引导"的主张和范式……一大批优秀教师，正是不断通过探索和建立自己的教学主张与教育范式，形成自己的鲜明的专业个性、特质，体现独特的教育价值，最终成为著名的教育专家或教育家，登上专业生涯的巅峰。

优秀教师一般已具备娴熟的教学技能、深厚的专业知识和丰富的教学经验，但若没有自己的教学主张和教育范式，也只是懂操作的高级技术员和规定的忠实执行者。当建立起自己的教学主张和范式之后，优秀教师就不仅能以其教学经验、教学特色影响教师，还能以其教学主张，即个性化的教育思想影响、改变教师。就其本人而言，也因教学主张及教学主张下的实践，使

① 朱嘉耀．走出一条名师培养的南通之路［J］．江苏教育研究，2011（8）：4－8.

自己获得持续的影响力，并不断有新的进展和新的经验①。如此，就能从广度和深度上推进教学改革及教师的专业发展。这也是我为什么在项目实施中，把建立自己的教学主张和教育范式作为培养这35位教师的重要抓手的主要原因之一。

再次，自觉地读书、实践、反思、研究、写作。

建立教学主张与教育范式是优秀教师对自己教学实践进行高度理性解析与提升，形成思想成果的过程；建构操作体系，则是将思想物化，将技术经验梳理、搭建、完善，成为教学主张实施的途径、方式的过程②。如果将此作为优秀教师再发展的追求，那么如何实现呢？最基本的方式就是自觉地躬身于读书、实践、反思、研究、写作，舍此无任何终南捷径。读书是自我的充实，是与他人的专业对话，是为了有更好的理论指导实践；实践于教学，是教师工作的根本，是教师工作的出发处和归宿；反思是对教学实践以自我行为表现及其行为之依据的“异位”解析和修正，进而不断提高教师自身教育教学效能和素养的过程；研究是教师对教育教学，对自己生存、发展意义的不断地探寻、叩问和求证；写作是教师将默会知识向明言知识的转化，是提炼总结研究成果，是理性概括梳理思想……这几个环节周而复始、不断循环，其间每一步骤都可能是一个新的起点，但始终无终点。只要有一个环节被忽视和省略，优秀教师的发展都会固化、停滞不前。例如，教而优则仕，离开了教师的工作场——课堂实践，还能再发展吗？又如，教而不思、思而不研，则永远只能是一个优秀的“教书匠”。哪一位教育专家、教育家没有自己的著述？古今中外，成为教育家的优秀教师无谁能舍弃这一路径，无谁能跳过其中的哪一环节。因此，优秀教师一是应信奉而坚持这一方式，并在自己的专业生活中努力践行，持之以恒；二是要把每一步骤都做到充分扎实，绝不走过场做花样；三是用研究、思考来串联整合整个循环，使每一环节都张扬着思想的力量。如此，优秀教师新的发展目标就有可能实现。因此，我们“百千万人才培养工程”名师培养对象，必须把“读书、实践、反思、研究、写作”作为自己接受培养期间，乃至终身发展的基本方式。我们要求老师们大量阅读、研究课题、发表论文、出版专著，出版本套培养对象系列专著，也正是基于这一点。

---

① 成尚荣．生活在规律中的主人：谈名师成长的方式［J］．人民教育，2009（9）：46－49.

② 同上。

最后，保持正确的专业自我，葆有永久的信念和激情。

许多著名教育专家在总结自己一生的教学生涯时特别强调教育信念和激情在他们专业再发展中的价值和意义①。原联合国教科文组织国际教育规划研究所负责人库姆斯认为，"使教师成为优秀教师的，不是……而是教师对学生、自己、他们的目的、意图和教学任务所持的信念"②。而教育激情"可以产生一种推动性、激励性的力量"，"在某种意义上，激情确实是教学的关键"③。正确而合理的教育信念、自始至终的教育激情是教师顺利成长和完善教学实践的重要保证。雅斯贝尔斯强调，"教育须有信仰，没有信仰就不成其为教育"，"教育，不能没有虔敬之心，……缺少对'绝对'的热情，人就不能生存，或者人就活得不象一个人，一切就变得没有意义"④。

教师工作是一种基于信念的行为，这也就意味着信念和激情是教师专业发展的动力，这种发展是自发、真诚、内源性的发展，也是基于生命的灵动与热力高度自觉的发展，而非出于外在强制和纯粹基于个人私利，机械麻木与冷漠盲目的发展。无论是力辞官职、执着教坛的斯霞，还是不求闻达、但求学术的李吉林等名师，他们在成名后，也即优秀后并未就此止住前进的脚步，而是更加努力地跋涉，凭着信念和激情演绎自己的人生价值和理想，成为成功教师的典范。因此，教师在取得一定成绩，显示优秀的品质后，其专业自我应当在更高水平上提升，从而使其专业人格完整而和谐；应坚守信念永葆激情，认识到"优秀"只是检验自身发展的一个尺度，自己永远处于一种"未完成"的状态，永远是在专业发展的路上，从现实的种种束缚及身体和心灵的各种禁锢中解脱出来，不断反省自己的专业自我，从中发现内在的冲突，祛魅头顶优秀光环，克服自我惰性、自我满足和自我功利，实现自我突破，在不断协调冲突的过程中把生命提高到新的层次，以自身的智慧更新对世界的理解，从而发现新的发展可能性和追求新的成长目标。

因为优秀，所以要走得更远。教育家来自教师，尤其是优秀教师。当优秀教师能够克服"优后"专业固化难题，实现专业再发展，走得更远的时候，

---

① 柳斌．中国著名特级教师教学思想录［M］．南京：江苏教育出版社，1996.

② 库姆斯．教育改革的新假设［M］//瞿葆奎．教育学文集·国际教育展望．北京：人民教育出版社，1993.

③ FRIED R L. The Passionate Teacher：A Practical Guide［M］. Boston，Mass：Beacon Press，1995.

④ 雅斯贝尔斯．什么是教育［M］．邹进，译．北京：生活·读书·新知三联书店，1991.

国家、社会和人们期待的“造就一批教育家”的目标也就指日可待了。这也是我对广东省中小学“百千万人才培养工程”初中文科名教师培养项目的期待，对35位年轻而又优秀的初中教师的厚望。

我还要说的是，作为项目的主持人和导师组组长，我将在教育主管部门、省项目办和所在培养机构岭南师范学院的指导下，和导师团队及项目管理团队一起，坚持培养标准，强化专业引领，尽量做好服务，为老师们的成长扶一手、拉一把、送一程，让老师们走得更快、走得更稳、走得更远。

这就是在广东省中小学“百千万人才培养工程”初中文科名教师培养对象系列专著出版之际我想说的话，和诸位未来名师共勉。热烈祝贺广东省中小学“百千万人才培养工程”初中文科名教师培养对象系列专著的出版！热切期盼广东省中小学“百千万人才培养工程”初中文科名教师培养对象早成“粤派名师”！

李斌辉

2022年9月23日于岭南师范学院

自 序

开篇想和大家谈谈为什么要写这本书。

我当学生的时候喜欢那些能眼见为实的学科，物理、化学、生物这类学科能通过很多实验引导我们认识世界，教材的结论和实验的结果往往具有一致性，这在很大程度上会激发我们对世界的好奇。而思政这样的学科一般有较强的宏观性、抽象性和理论性，同时中学生的自身见识和经历又具有局限性，这对学习生活相对单调的他们常常会造成了一定的学习难度。

我当教师的前两年，在一次监考物理高考时，翻到了试卷最后一题，是一道关于力学的题，头脑里立刻浮现出高中物理学科老师关于物体受力分析的步骤和要领，这些内容是我们从接触力学学习开始，老师就逐步渗透，一直到高三复习阶段还会反复强化的，于是我凭着对高中阶段的学习记忆，在时隔六七年没有接触物理的情况下，依然把题做对了。

类似这样关于教学和学习的体验和感受在我求学和工作中还有太多太多。特别是在工作后，我担任过任课教师、班主任、科组长、区域教研员、区教研院评估中心主任、副校长，这些工作经历让我从不同的角度和处境去反思和探索思政教育的应然样态。

2018 年底，我国完成新课程全员培训工作；2020 年秋，广东高一年级正式实施新课程、使用新教材。思政学科的课程类别调整为必修课程、选择性必修课程和选修课程，在保证共同基础的前提下，为不同发展方向的学生提供有选择的课程。相比旧教材，新教材的课程内容增加，理论性增强，专业难度加大，学习量增多。这不单是思政学科的变化，在其他学科也有体现。

在工作中我产生了如下的思考：

第一，无论是教育领域还是其他领域，今天的中国乃至世界都在发生一系列的重大转型，对教育领域提出的新问题迫切需要新的课堂范式来回答。

第二，教材中每章每框的内容较多，正文和辅助文涉及的信息量较大，以往提倡的“三不教原则”即“学生已经会的教师不教，学生自己能学会的不教，学生怎么也学不会的不教”在当下学生认知差异化、个性化明显的高中课堂很难操作，如何选择和提炼教学内容是每位教师在备课时都需直面的问题。

第三，从一线的教学来看，虽然关于大概念的教育理论很多，但涉及思政学科大概念的具体内容和呈现方式依然较少，且课程标准在一线课堂的使用率较低，阻碍了教学政治性和学理性的协调。

第四，在教学中，重教材的编写逻辑，轻学科的内在逻辑，容易将教学内容拆分成一个个细碎的知识点，甚至一些试题重在考查教材一大段阐释的记忆，破坏了教学价值性与知识性的贯通。

第五，高中阶段学科专业性强、模块多、任务重、高考压力大，且高考内容更多涉及宏观政策，但学科实践会更多利用微观生活，影响了师生开展实践学习的动机，忽视了教学理论性和实践性的统一。

正是基于以上思考，我从《普通高中思想政治课程标准（2017 年版 2020 年修订）》和教材入手，研究、探索思政学科大概念的提取方法，并撰写论文《思想政治学科大概念的内涵、特征和效用》发表在《中国德育》上。这次探索让我对思政学科有了更深入的认识。2020 年，我成功申报了广东省规划课题“指向学科核心素养的高中思想政治大概念教学设计”（课题批准号 2020YQJK026），并在 2022 年获结题优秀。当时作为教研员的我带领区域教师积极参与这项研究，研究过程极大地调动了老师们探索学科规律的主动性和创造性，在探索确定或不确定大概念的过程中，反思和行动促进了老师们深入思考，尽管过程中会产生新的学科问题，但这让老师们经常感受到“专业带给工作的惊喜”。与此同时，很多中青年教师收获了专业的成长，而这种提升也给学生带来了更多的专业性和主动性，在帮助他们全面提升学业质量、逐步提高创新能力和应用能力的同时，也促进了他们对国家战略的认同。

有了这些积累后，我又参加了广东省中小学“百千万人才培养工程”的系列培训，这促进我开展了将大概念教学设计范式向大概念教学范式转变的思考和研究，并形成相关成果。最终这一成果成功申报“广州市教学成果培育项目（Guangzhou teaching achievement cultivation project）‘举一致用’高中思政课大概念教学模式的构建与实践（2023128562）”项目。来自理论界和实践界的这些关注和认可，让我有了写作这本书的冲动①。

书中的一些内容是我在做分类研究时陆陆续续发在学术期刊上的观点，同时也补充和梳理了一些研究的过程，因为水平有限，在理论研究和实践探索的深度和广度上都有可提升的空间，但我在梳理的过程中越发体会到这项研究的意义和价值，也看见了自己从事中学思政教育工作二十二年如一日的满腔热情和真诚。

是为序。

杨　亮

2024 年 10 月

① 所撰写的相关论文《“举一致用”的大概念教学框架设计》《思想政治学科大概念的内涵、特征和效用》《新结构教学评框架下思政课教学新实践》《思想政治学科 STEM 课程建设》《SOLO 分类评价视域下的思想政治学科大概念教学设计》《追本溯源拓思维，融会贯通炼真功》《用好党史素材，提升思政课育人实效》《大单元教学内容设计的三个认识》《把握学科大概念，让应考胸有成竹》《善用系列高考试题，优化概念教学效能——以“基层群众自治制度”概念教学为例》《审读高考题的三重境界》《课堂需要“推坡助难”》《例谈获取和解读信息能力的培养》《思维模型优先，兼顾知识准确》《新时代思政课县域教研共生模式的建构》等已经发表于《思想政治课教学》《中国德育》《中小学德育》《中学思想政治教学参考》《广东教育》《教学考试》等刊物，其中《新结构教学评框架下思政课教学新实践》被人大复印资料《中学政治及其他各科教与学》全文转载。

前　言

新一轮课程改革实施以来，为了有效落实《普通高中思想政治课程标准(2017年版2020年修订)》，发挥思政课立德树人的关键作用，促进学生核心素养的形成和教师专业素养的提高，课堂教学、教研、评价急需找到一个能够提升课程实施质量、促进教师职业发展、保障学校教育质量、助力学生健康成长的发力点。在对国家意志、课程标准、教学理论、教学实践、中高考命题、新教材实施等领域开展了一些探索后，笔者将研究的发力点聚焦在思政课大概念上，通过对其的研究，促进教师和学生对学科本质、学科知识结构、学科思维方法及价值观念认识的升华，形成了"'举一致用'思政课大概念教学模式"，解决了如何运用思政课大概念统筹、调控、指导常规教学和项目式学习的问题，以思政课大概念促进教学评一致，并形成"社会大课堂"和"思政小课堂"的教育闭环，提高教学效能，促进教师专业发展，落实学生核心素养培养。本书从产生缘由、理论基础、研究实践、成果阐释、设计案例、实践成效六个方面对"举一致用"思政课大概念教学这一成果进行了阐释，具有以下特点：

第一、通过"举一"，促进对思政课大概念教学核心问题的研究，实现思政课教学政治性与学理性相统一。随着对《普通高中思想政治课程标准(2017年版2020年修订)》和大概念教学理论的深入学习、研究，本书认为思政课大概念是反映思想政治学科思维方式的逻辑结构，这部分内容常常以隐性的方式存在于必修课程中，必须围绕"思政课大概念教学目标的呈现方式"这一任务开展研究，推动研究关注思想政治学科本质问题。本书探索出提取思政课大概念的三种途径，并在此基础上归纳了思政课大概念呈现的方式，推进了教师对思政课大概念具体呈现方式的认识，并有意识地在教学中强化对思政课大概念的学习。

第二、通过"致用",以对程序性知识两种运用场景的研究,实现思政课教学价值性与知识性相统一。"经世致用"是中国经典的治学思想,强调知识运用在教育中的重要性。本书关注课堂教学中"陈述性知识向程序性知识的转化"的研究,促进积极的价值观知识生成,激活元认知知识的运用;同时又关注项目式学习过程中"积极的价值观知识撬动程序性知识的泛化"的研究,促进程序性知识的再认,再次调动元认知知识的运用。两方面的协调促进了理论性和实践性的统一。

第三、通过"两类课堂",以对思政课大概念两类课型范式的开发,实现思政课教学理论性与实践性相统一。本书围绕如何运用思政课大概念指导思政课课堂教学展开深入研讨,确立"落实国家本位、遵循学生本性、反映学科本质"的教育思想,形成了思政课大概念教学的教学设计范式,并将教育教学行为统一到思政课大概念的深度理解和广泛运用上来,以"举一致用"思政课大概念课堂教学范式和"举一致用"高中思政课大概念项目式学习教学范式促进学生核心素养在课堂中的落实。

本书的撰写主要依托于笔者在主持广东省规划课题"指向学科核心素养的高中思想政治大概念教学设计"(课题编号:2020YQJK026)、广州市教研院课题"思想政治学科 STEM 课程实施模式与实施特色研究"(课题编号:GZJY2017—008)、广州市规划课题"'举一致用'思政课大概念教学模式的构建与实践"(课题编号:2024111303)过程中的积累和思考。其中,本书第五章　第二节"单元教学案例"由广州市培正中学王燕珊老师提供,第三节"项目式学习教学案例"由广州市育才中学冼丽琼老师提供。

本书主要适用于中学思政课教师或中学生阅读。本书在编写过程中,得到了岭南师范学院李斌辉教授、广州市教研院张云平教授的支持和指导,也得到了广州市越秀区多位中学思政课教师的大力支持,无法一一列名,在此一并表示感谢。尽管笔者在本书编写过程中做出了极大的努力,但由于学识水平和时间有限,可能仍存在许多不足之处,期盼专家、学者及读者能提出宝贵意见和建议,笔者将认真对待并吸纳合理意见和建议,以便修订时完善。

杨　亮

2024 年 10 月

目　录

第一章 “举一致用”思政课大概念教学的产生缘由

第一节 思政课建设的时代要求

一、国家层面对新时代中小学思政课建设的新要求

2019 年 3 月 18 日，习近平总书记主持召开了学校思想政治理论课教师座谈会并发表重要讲话。讲话强调了思想政治理论课在落实立德树人根本任务中的关键地位、教师在思想政治理论课实施中的关键作用、改革创新对思想政治理论课效能提升的重要作用。讲话提到，推动思想政治理论课改革创新，要坚持政治性和学理性相统一，让透彻的学理更好地服务于政治引导；要坚持价值性和知识性相统一，让科学的知识更好地服务于价值引领；要坚持建设性和批判性相统一，让学生困惑的解决更好地服务于主流意识形态的建设；要坚持理论性和实践性相统一，把思政小课堂同社会大课堂结合起来，引导学生实现人生抱负；要坚持统一性和多样性相统一，依据统编教材，多种方式实现教学目标；要坚持主导性和主体性相统一，思政课教学在发挥教师主导作用的同时，还要以学生为中心；要坚持灌输性和启发性相统一，思政课教学既离不开必要的灌输，也要重视启发式教育；要坚持显性教育和隐性教育相统一，既要理直气壮地开好思政课，又要实现全员全程全方位育人。

2019 年 8 月 14 日，为深入贯彻落实习近平总书记在教师座谈会上的重要讲话，中共中央办公厅、国务院办公厅印发了《关于深化新时代学校思政理论课改革创新的若干意见》，明确提出学校思政课工作要加大思想性、理论性

资源供给，加大思政课教研工作力度，加强思政课课题研究和成果交流，全面提升高校马克思主义学院建设水平等，增强思政课的思想性、理论性和亲和力、针对性。坚持开门办思政课，推动思政课实践教学与学生社会实践活动、志愿服务活动结合，思政小课堂和社会大课堂结合，拓展思政课建设格局。

2022 年 11 月 4 日，教育部印发《关于进一步加强新时代中小学思政课建设的意见》，提出“突出关键地位、强化统筹实施、坚持问题导向、深化改革创新”四项工作原则，还提出到 2025 年，中小学思政课关键地位进一步强化、建设水平全面提高，课堂活力充分激发，优质课程资源更加丰富，实践教学深入开展，思政课教师队伍专职化专业化水平明显提升，“大思政课”体系更加完善，评价机制基本健全等工作目标。

习近平总书记的讲话和国家的两份意见都凸显了思想政治理论课改革创新对方向性、理论性、时代性和实践性的要求，这既指明了我国思政课改革发展的方向，也对思政课的开设质量和思政课教师专业水准提出了更高的要求。

二、全面深化课程改革，发展学生核心素养的新需要

“核心素养”一词首次出现在 2014 年 3 月教育部印发的《关于全面深化课程改革落实立德树人根本任务的意见》（以下简称《意见》）中，将“核心素养”置于深化课程改革、落实立德树人根本任务的首要位置。《意见》的发布是面对教育重智轻德、重分数轻育人的现象比较普遍，课程改革整体规划、协同推进不够，信息网络、多元文化使得学生的成长环境更为复杂等现实问题的主动应对，也是落实立德树人作为教育根本任务的需要，还是更好培养德智体美全面发展的社会主义建设者和接班人的宣言。2019 年 2 月，中共中央、国务院印发了《中国教育现代化 2035》，强调要学习习近平新时代中国特色社会主义思想，把学习贯彻习近平新时代中国特色社会主义思想作为首要任务，贯穿到教育改革发展全过程，落实到教育现代化各领域各环节。

2014 年 9 月，国务院出台《国务院关于深化考试招生制度改革的实施意见》，提到深化高考考试内容改革，要求依据高校人才选拔要求和国家课程标准，科学设计命题内容，增强基础性、综合性，着重考查学生独立思考和运用所学知识分析问题、解决问题的能力。这份文件反映了国家力图通过完善考试招生制度来协同推进基础教育的发展，突出了通过重视考试内容基础性

和综合性的考查引导教育教学关注人的发展和课程标准的要求。

2018 年 1 月，教育部发布了《普通高中思想政治课程标准（2017 年版）》，新标准将高中思想政治学科的核心素养定位为政治认同、科学精神、法治意识、公共参与四个方面，并在“修订的主要内容和变化”中提出“进一步精选学科内容，重视以学科大概念为核心，使课程内容结构化……促进学科核心素养的落实。”

2022 年 4 月，《义务教育课程方案与课程标准（2022 年版）》发布，其中的热词、关键词之一便是大概念教学。《义务教育道德与法治课程标准（2022 年版）》对“优化课程内容结构”的要求是“以习近平新时代中国特色社会主义思想为统领，基于核心素养发展要求，遴选重要观念、主题内容和基础知识，设计课程内容，增强内容与育人目标的联系，优化内容组织形式。”

由此可见，不管是招生考试还是课程标准对教学内容的要求，都在引导我们的课堂教学和育人方式关注和重视学科大概念。大概念教学是课程改革往纵深推进的重要载体，它不仅仅是对教学方式的要求，更是对以往课程观的转变，意味着以核心素养为导向的课程与教学改革是通过优化课程内容、突出学科大概念，以及生成和深化学科思维来实现的。

三、核心素养立意的思政课教学在实践中面临新挑战

首先，教学受制于教材的编写结构和课时设置方式，忽视了课程标准在一线教学中的引领作用，阻碍了教学政治性和学理性的协调。现有教材的编写在纲目上突出了学科的部分重要观念，但大部分重要观念还是隐藏于文本的字里行间，且编写结构仍是依据章节的形式，每部分的内容量主要依据课时容量来考虑，很多大概念知识并没有在篇幅或内容上得到强化。学校的课时安排没有因为课程改革的推进发生大的变革，大部分学校还是沿用以往的课时安排方式，以思政课为例，从七年级到高一，一个班每星期是两节课，学校往往会在周一至周三安排一节课，周四至周五安排一节课，很多时候两节课之间会间隔三天。长时间的间隔会让学生对旧知识的遗忘率加大，教师和学生更依赖教材作为维系教学的载体。在日常教学中，教师往往通过对教材一目具体内容的知识分解和逐个训练，监测学生对零散知识的掌握程度。这虽然有利于学生条理地掌握某一具体知识内容，但是容易忽略对学科本身网状知识结构的整体把握，学生需要学习的内容繁杂且无法融通，不利于知识的提取及使用；且由于知识点的分散和繁多，教师对某个知识点的讲解，

往往仅限于一种情境，很久才进行更新或者不进行更新，教学实践中的单一情境反复出现，情境固化的问题越来越突出，这种固化在一定程度上阻碍了学生思维能力的发展，同时也影响了教师对学习内容的再思考与再认识。

其次，评价方式改革的系统性和市场上教辅资料的规范性均有待加强。一方面，在实际教学中重具体知识的记忆，忽视学科结构化知识的整体把握，破坏了教学价值性与知识性的贯通。一般来讲，与大概念教学相对应的综合性、开放性的"大问题"更有利于检测学生对整体内容的理解与掌握程度，所以高考文科综合的考试形式，特别是主观题的命制方式为教育教学聚焦学科基本问题提供了条件。可是中学生在高考前还要经历若干考试，如单元测、期中测、模块检测、月考、学业水平测、中考等，这些纸笔考试仍然以选择题、填空题、简答题为主，评价更多的还是停留在对事实信息、基本概念和简单技能的掌握情况的检测上。而另一方面，市场上的教辅资料所提供的习题是教师们检测教学效果的重要工具，往往试题的数量越多，教辅资料越厚，师生们选用的可能性就越大。这激发了教辅资料的编写者更倾向于选择考查事实性知识记忆和学科分解概念理解的试题。试题在教学内容细枝末节处的反复变式，使师生在使用过程中陷入对知识记忆或者技能熟练的反复考查，止步于知识再现的浅层学习，缺乏对知识的继续思考和深入研究，不利于学生学科核心素养的培养。

最后，受制于教学内容繁重和考试选拔的压力，中学的思政课教学基本采用课堂教学形式，且并没有固定学科实践的课时安排，容易忽视教学理论性和实践性的统一。课程性质决定了思政课的教学内容是围绕国家的理论建设、道路选择、制度设计、文化发展来展开的，中小学生会对这些内容感到宏大、抽象和理论化。实践是教育的目的和归宿。要让思政课教学入脑、入心、入行，不能光靠课堂上的逻辑推理和事理论证，它离不开学生对社会实践的参与和反思。如何让实践激活教育，让生动丰富的社会大课堂泛化教学内容，让学生在真实的生活场景中增强学科理解，这要求教师在教学中能根据教学单元主题，设计实践活动，为学生激发积极情感、运用学科大概念、促进思维进阶、落实素养目标提供真实情境，搭建教育平台。但在现实教学中，由于实践课时并不固定，中高考的试题命制也会考虑地区差异和教育理念的差距，淡化以社会实践参与类的题材，使得学科实践课程的开设更多取决于教师的责任心、创造力、执行力和校园教育的育人理念、文化氛围、管理机制，这在一定程度上减少了学生扎根中国特色社会主义实践，切实了解国情民情的机会，也不利于他们对学科大概念的深度学习。

总之，面对学科教学由知识立场向育人立场的转变，思政课建设整体上进入质量提升和内涵发展的新阶段。随着我国基础教育课程改革的深入推进，要求核心素养立意的思政课关注促进核心素养形成的核心教学内容和科学教学方式，特别是重点研究思政学科大概念的内涵和外延，发挥学科大概念的教学驱动作用，形成促进学生核心素养落地的大概念教学范式。

第二节　思政课大概念教学研究简述

一、大概念教学的理论依据

国外有关大概念的研究可追溯到20世纪初，国外学者从不同的角度对大概念进行了不同的诠释。美国教育心理学家布鲁纳提出了认知结构理论、发现教学法等，认为结构是知识构成的基本架构，结构即概念及概念之间的关联，可以通过基本的和一般的概念的迁移来不断扩大和加深知识。从认知发展视角上看，美国心理学家克拉克则认为大概念的理解和“观念”类似，指出大概念是联结、理解小概念的产物，它们共同形成了独特的认知结构。布鲁纳强调，无论教师教授哪类学科，一定要使学生理解该学科的基本结构，有助于学生解决课堂内外所遇到的各类问题。掌握事物的基本结构，就是以允许许多别的东西与它有意义地联系起来的方式去理解它，学习这种基本结构就是学习事物之间是怎样相互关联起来的。美国心理学家布鲁姆认为，每个学科领域中都存在某些基本概念，它们是认知结构的锚点，能够帮助学生联结零散的知识，也能帮助新旧知识建立关系，赋予原有知识新的意义。

1988年，美国学者威金斯与麦克泰格所著的《追求理解的教学设计》对于在教学领域中运用大概念具有重要意义。他们认为，大概念在完成“理解”这一学习目标中具有重要的整合性作用，是建构理解的支撑材料。基于大概念开展教学，不局限于具体的事实与技能，而是关注更大的概念、原则，而且能将学生所学运用到新情境中，具有持久的固定知识的价值。美国教育专家林恩·埃里克森和洛伊斯·兰宁在著作《以概念为本的课程与教学》中具体提出了“概念聚合器”和“概念性视角”，将知识划分为概念性知识和事实性知识，强调大概念是在学科教学中，从事实条件上抽象设计的具有迁移性、深层次性的概念，既是一种原则、问题，又是一种主题和观念。另外，也有学者从学科教育视角理解大概念，如查尔斯的研究中，将大概念理解为一个连贯、系统的结构，是教学过程中的一种核心观念。

大概念教学观念逐渐引起教育界的重视，围绕大概念进行的课程设计成为趋势，国外形成了多种代表性的课程设计模式，如按照动态性、结构性等的多层次大概念设计的金字塔模式、大概念视角下 STEM 综合课程开发的系统网模式、由"大概念确定—论证分析环节—关键概念确定环节—问题探索环节"等环节形成的线性链模式等，不断推进大概念课程改革。

从学科教育的角度来看，对大概念研究比较充分的是科学学科。2009 年，英国学者温·哈伦以科学教育国际研讨会讨论结果为基础编著《科学教育的原则和大概念》，提出了科学教育的十项原则及十四个科学大概念。2014 年，温·哈伦的《以大概念的理念进行科学教育》，更为详细地叙述了以大概念理念来进行教学的理由，推动了世界各国关于中小学课程结构的变革。

可见，国际学者经过在认知心理学、学科教学等方面的研究，对大概念的内涵达成了一些共识，如以知识结构或观念的形式存在、具有迁移性、对学习有整合性作用，并在此基础上形成了大概念视角下的一些教学模式。但大概念的教学研究在自然科学领域的发展比在人文学科领域更为迅速。

国内学者对大概念也进行了广泛的研究。余文森认为大概念指的是反映学科本质及其特殊性的、构成学科框架的概念，其以学科知识的形式呈现，又是学科思想方法的载体。刘徽认为大概念是理解的核心，是具有上位性和迁移性的反映思维方式的概念、观念或论题，具有生活价值，是学习的核心目标。郭玉英认为大概念包括共通概念和核心概念，共通概念侧重跨学科内容的组织，而核心概念多用来整合某一学科内的知识，大概念帮助学生形成对学科的整体认识。吕立杰认为大概念是基于事实、情境的抽象与推论，通过概念的层级累积，构建优质的知识结构。

关于大概念的基本形式，国内学者有着不同的认识。刘徽认为大概念有概念、观念和论题三种表现形式。从构成角度来看，国内主流观点是将大概念划分为学科大概念和跨学科大概念，不同学者在细分上有所差别。王喜斌认为，教学内容可以排列为学科大概念和核心任务、掌握和完成的知识内容、需要知道的知识内容这样的优先次序。而李松林的研究综合了目前学者们的观点，提出大概念是一个相对概念，可以划分为纵向上的四个层次和横向上的三个类型有机结合的网络化结构。其中，四个层次分别为学科课时内的大概念、学科单元内的大概念、学科单元间的大概念、跨学科的概念；三个类型分别为结论和结果类的大概念、方法和思想类的大概念、作用和价值上的大概念。

二、我国中学思政课大概念的教学实践

自《普通高中思想政治课程标准（2017年版）》明确提出“大概念”后，关于大概念的研究不仅在基本内涵、目标体系构建等理论方面更加深入，实践方面也在不断推进。大量一线教师开始聚焦大概念，以课例为支撑，结合课堂教学实际展开大概念课堂实践研究，丰富了大概念的实践研究成果。截至2023年8月10日，在知网以“大概念”或“大观念”且含“为例”为主题词进行高级检索，出现以各学段、各学科为例的核心期刊文献共146篇，且皆为2018年之后发表。在中学教育中，已经有不少学科教师对大概念教学进行了理论或实践的探究，其中理科教育研究者数量较多。

从教学观念上看，作为高中思想政治《经济与社会》统编教材的主编，陈友芳认为当前新教材的教学要淡化原有教材中对细碎概念的“本质性定义”，要着重关注“思想政治学科课程的基本概念、重要概念，注重学生在真实情境中的迁移能力的培养”。

从中学思政课大概念教学实践路径上看，张翰提出了大概念教学在思想政治课中的三条实践路径：“解读文本，提炼学科大概念；紧扣大概念，优选知识点内容；围绕大概念，设计学习活动。”孙杰认为，大概念是架构思想政治课结构化教学的素养进阶路径，需要架构内容结构化的“大政治”、解决任务项目化的“大问题”、开展教学议题化的“大活动”。张云平主张以结构化的思维方式改进教学评方法，表现为以结构化的大概念理解教学内容，以结构化的关键能力贯通教学过程，以结构化的问题情境泛化知识能力，以结构化的学习水平明晰学科素养的形成，其中大概念是结构化教学的知识维度。沈雪春提出在开展高中思想政治课议题式教学时也需要对高中思想政治课大概念进行结构化的梳理和思考，反映学科本质核心的大概念能促进议题式教学的结构化。黄兰珍、杨小平、刘喜如等老师都在思政课教学上做出了大概念教学的探索。

结合上述研究结论，“举一致用”思政课大概念教学中的“思政课大概念”实质是反映社会政治、经济、文化等形成和发展的系列框架概念，体现

了中学思想政治学科模块间和学科单元间的重要结论、思想方法和意义价值。它是一种高度形式化、普适性极强，兼具认识论与方法论意义的概念。

总之，当前对中学思政课大概念教学开展的研究中，研究的重点更多地放在了“大概念”的理论层面，包括理论溯源、内涵、意义价值等层面；关于思想政治学科的大概念提取、内涵、类型、教学设计范式、教学模式的研究还不够深入，可操作性有待加强，对于具体结合教材的课堂案例的研究也较少；提出了中学思政课的内涵和外延，但以何种方式加以运用还不太清晰、明确；针对中学思政课因当前面临着应试压力而重知识教学轻思维培养、重考试分数轻个体体验等问题，如何通过大概念教学的具体可操作的方法和原则来加以改善，仍需教育工作者开展进一步的思考和探索。

第三节 “举一致用”思政课大概念教学的雏形

一、大概念教学理念运用学科教学不能回避的问题

正是因为大概念具有集中反映学科本质而不是强调某一事实性知识这一特质，教师（或学生）掌握了学科大概念知识便意味着掌握了运用该学科解读和解决相关现象的原则和通则，因此大概念教育理念受到教育工作者广泛认同并希望借助学科大概念提升学科课程实效。但在中学一线教学实践中如何实施大概念教学存在以下几个方面的问题。

第一，对于教师（或学生）而言，在遇到相关问题时是专家的学科大概念还是自身建构的不断发展的学科大概念（或学科认知）在发挥作用？

美国学者约翰·D·布兰思福特等在著作《人是如何学习的：大脑、心理、经验及学校（扩展版）》中提到专家在识别信息的过程中能够反映出学科知识的组织方式和学科的理解深度，这里发挥作用的是专家通过大量的专业学习所获得的学科大概念。若忽略专业学习过程，只将学科大概念告知教师（或学生），教师（或学生）能否在不断变化的情境中顺利迁移运用学科大概念，教师（或学生）解决问题的水平是由该学科的发展水平决定还是由其自身在情景中组织、再现和理解信息的能力决定？这些问题值得我们深思。

第二，大概念教学更重要的意义是在于让教师和学生知道专家对学科大

概念的界定还是激发师生探索学科大概念的欲望和热情？

虽然在 2018 年后中学教育中，已经有不少思政学科教师对大概念教学进行了理论或实践的探究，但很多研究局限于提炼学科大观念的原则和方法上，还没有类似于英国学者温·哈伦总结的科学教育中学生应该接触到的十四个大概念这样的研究成果。此外，专家确定的大概念是复杂的，在大多数情况下，它们的抽象程度会远远超出新学者的认知范围和接受水平。基于这样的研究现状和学习规律，我们应当考虑倡导大概念教学除了重视利用学科专家“自上而下”的专业引领外，可否借助教师和学生“自下而上”专业追寻的力量。

第三，学科大概念教学理念对哪类人群最有效果，如何让教师（或学生）在教学中发展事实性知识背后更为本质、更为核心的思想观念或看法？

学科大概念教学观对新手教师和学生的意义大过对专家型教师的意义。因为专家型教师通过好几轮教学的打磨和反思，对学科的思想方法和思维特征已经有了比较成熟和稳定的看法，提不提大概念教学，专家型教师都会以获得学科大概念作为课程目标或教学目标来组织教学。比如孙维刚在《孙维刚谈立志成才：全班 55%怎样考上北大清华（第二版）》谈到，他那里有 4 个大规律、15 个中规律、三四十个小规律，掌握运用娴熟了，那么，从初一到高三，从代数到几何，就没有不会做的题目了。孙维刚这里提到的大规律、中规律、小规律体现的就是一种大概念教学法。所以，大概念教学更多的是帮助新手教师或学生更快地推进自身的学科认知。目前的教学实践更多是让大概念和大单元、大任务结合起来，提升了对教师课程规划能力和教学策略能力的要求。现实教学中，新手教师和学生对学科知识本身的驾驭能力有限，对大概念、大单元、大任务的理解不到位，而且中学思政课教师数量相对较少，导致大单元教学的分工上限制增加。教学配套的练习还是以一课时为单位居多，大部分学生也习惯于按教材编排的顺序学习，使得现实中很多大概念、大单元、大任务教学实践耗时耗力还不得要义。因此，值得我们思考的是，什么样的大概念教学更有利于新手教师和学生对学科本质的理解。

第四，在思政学科学习中，学科大概念的存在方式是怎样的，什么样的学科大概念能助力学生学科思维的进阶？

美国《新一代科学教育标准》认为大概念的知识层级结构有四层，其中最基层的是事实性概念；第二层为学科中的核心概念或基本问题；第三层为跨学科概念；最顶层则是抽象化的哲学观点。张云平的新结构教学评框架将大概念知识分为陈述性知识、程序性知识、元认知知识及价值观知识。李松林提出大概念是一个相对概念，存在于四层三类网络化结构中。这些研究观点都有其科学性，但在思政课的实际教学中，我们还应深入研究这些类型的大概念之间的相互关系，各类大概念如何表现在学科内容上，以及如何寻找助力学科思维进阶的关键大概念。

第五，如何利用学科大概念来帮助教师完善教学设计，有没有基本范式可遵循？

教学设计是教师特别是新手教师教学的重要蓝图，因此值得深思的是，大概念设计可否为教师思考隐含在教学内容中的学科基本规律提供引导，以及可否为教师提供基本的认知支架。

第六，学科大概念在教学中如何发挥作用，发挥怎样的作用，有没有一般的教学范式可遵循？

新一轮课程改革从 2000 年推动到现在，已经由高效教学向深度教学转变。推崇"把学习还给学生""让学生和知识直接对话"理念的高效教学催生了很多教学模式，如杜郎口中学的"10＋35"时间管理模式，洋思中学的"先学后教、当堂训练"模式，以及衡水中学的"激情教育"模式等，这些探索都力图通过课堂结构的调整、情绪的转变提升课堂的效益。学科大概念是在深度教学这一大背景下提出的，我们应积极思考这一理念在高效教学的基础上，对教学形态提出了什么新要求，以及可否有新的教学范式来推进师生对学科大概念的学习。

第七，学科大概念的教学范式可否既重视教师的知识传授、观念灌输，又重视学生德性成长、适应创造，以及可否贯通"思政小课堂"和"社会大课堂"，使学生学科知识、学科观念和学科思维的获得过程实现"知—情—意—行"的闭环？

中学思政课涉及经济、政治、文化、生态、社会、伦理、哲学、法律、外交等多个领域的理论知识，还需要密切关注大政方针和时政热点，对学科教师的政治性和理论性要求较高，正如习近平总书记所强调的，"以透彻的学理分析回应学生，以彻底的思想理论说服学生，用真理的强大力量引导学生"。但又不能一味地将学生在认知领域的盲点和障碍通过逻辑推导来实现，以及将情感信念教学目标简单的当做知识目标来"填灌"，而"要高度重视思政课的实践性，把思政小课堂同社会大课堂结合起来，在理论和实践的结合中，教育引导学生把人生抱负落实到脚踏实地的实际行动中来"。所以，我们应思考，我们倡导的大概念教学能否成为并且如何成为贯通“思政小课堂”和“社会大课堂”的桥梁，以及在具体的操作中如何实现核心素养的生成。

第八，初中的道德与法治课程与高中的思想政治课程分别在《义务教育道德与法治课程标准（2022 年版）》《普通高中思想政治课程标准（2017 年版 2020 年修订）》的指导下实施，如何通过学科大概念来贯通初高中思政课的课程目标，实现教学目标的一致性？

在当前的中学教育中，教师往往被安排在初中教育或高中教育的某一个小循环里，哪怕在完全中学，实施大循环的也不多。通过平时的听课调研发现，有过高中教学经历的老师去初中上课，往往对教材内容的把握更准、更透、更全面。这是否意味着在初高中思政课教学中，对于两个阶段相同或相似的教学内容，高中学科大概念的要求对初中起着统领作用？这值得我们深入探讨。

二、“举一致用”思政课大概念教学的基本假设

基于前文的八点思考，在对“举一致用”思政课大概念教学展开进一步探索时，我们也作了以下的基本假设，以此来规范和界定研究的方向和目标。

（一）每个人在遇到具体问题时，最终发挥作用的是个人建构的大概念

获取与解读信息的能力是学生学科素养的重要方面，在教学和备考中应以提高学生该项能力为突破口，能有效帮助学生夯实基础知识、培养学科能力。

以一节思想政治学科的主观题讲评课为例。课堂上，老师为帮助学生更好地提取信息，通常会采用“材料与设问对应的信息知识对接”的方法来帮助学生破题和解题。

2017 年高考文综全国Ⅰ卷 39 题：

香港特别行政区基本法第一百零四条规定，有关公职人员在“就职时必须依法宣誓拥护中华人民共和国香港特别行政区基本法，效忠中华人民共和国香港特别行政区”。

2016 年 10 月 12 日，在香港特别行政区第六届立法会新当选议员的宣誓仪式上，个别候任议员在宣誓时擅自篡改誓词或在誓词中增加其他内容，蓄意宣扬“港独”主张，个别候任议员的闹剧引发其宣誓是否有效以及是否应该重新安排宣誓的争议，并由此影响立法会的正常运作。

根据中华人民共和国宪法和香港特别行政区基本法的规定，2016 年 11 月

7日，全国人大常委会通过《关于香港特别行政区基本法第一百零四条的解释》，就相关公职人员“就职时必须依法宣誓”作如下解释：宣誓是该条所列公职人员就职的法定条件和必经程序；宣誓必须符合法定的形式和内容要求；宣誓人拒绝宣誓，即丧失就任该条所列相应公职的资格；宣誓必须在法律规定的监誓人面前进行。

结合材料，说明为什么必须由全国人大常委会对香港特别行政区基本法第一百零四条作出解释以及这一解释的重要意义。

在讲解过程中，老师经常采用的是材料文本的信息提取法，具体操作见表1-1所列。

表1-1信息提取法的具体操作

依据设问提取材料				写作答案	
提取相关信息		确定关键词	调用知识	转换成答题语言	要点
第1问	根据中华人民共和国宪法和香港特别行政区基本法的规定，全国人大常委会通过“104条”解释	全国人大常委会	人民代表大会制度	全国人民代表大会是最高国家权力机关，全国人大常委会是全国人大的常设机关	1
				根据宪法和香港特别行政区基本法的规定，全国人大常委会有解释香港特别行政区基本法的权力	2
第2问	香港特别行政区基本法104条内容	拥护香港特别行政区基本法、效忠香港特别行政区	一国两制	维护“一国两制”方针和香港法治秩序	1
	“港独”闹剧，影响立法会正常运作	“港独”、立法会正常运作	国家利益	捍卫国家主权、安全和根本利益，遏制“港独”	2
	根据中华人民共和国宪法和香港特别行政区基本法的规定，全国人大常委会通过“104条”解释	根据宪法和香港特别行政区基本法	宪法是国家的根本大法	维护宪法和香港特别行政区基本法的尊严	3

教师们在顺利提取材料中相关信息并得出正确答案的过程中，讲解推导的“顺理成章”和学生答题行文的“举步维艰”形成了强烈的反差。作为旁观者难免会有以下几处疑虑：

第一，教师眼中的信息一定是学生眼中的信息吗？提取信息的过程往往反映的是提取人的知识结构，知识结构不同的人提取相关信息是否会大相径庭？

第二，如何筛选和辨别相关信息和无关信息？在提取信息的过程中，是什么为选择性的信息提供本质性的线索，是什么在主导材料的呈现方式，以及学生怎样才能轻松快速地识别有效信息？

第三，未能提取信息是学生没看到还是没意识到？怎样才能让学生不错过关键信息？为了促使学生准确、全面地提取信息，学生在能力方面需要做怎样的培养？在这些能力培养上有哪些必要的步骤？

美国学者布兰思福特认为专家能够有效地思考特定领域的问题，因为他们拥有宽厚的知识，这些知识会影响他们所关注的事物，影响他们在环境中如何组织、再现和理解信息。

以上题为例，常年研究和命制高三试题的教师在解读题目时，往往是先基于题目的基本事实及其命题立意进行逻辑建构：第一，议员篡改誓词，是“港独”势力对我国“一国两制”制度的冒犯，更是“港独”行动公开宣传的表现；第二，由全国人大常委会对香港特别行政区基本法作出解释，是贯彻“一国两制”方针，牢牢掌握中央对香港的全面管辖权的重要举措；第三，这一解释进一步强化了民众对“一国”和“两制”关系的认识，以及他们的“法治”观念，捍卫了我国的国家利益，同时也是对损害我国根本利益的敌对势力的“当头棒喝”。当教师带着这样的逻辑建构再去材料中提取相应的信息时，材料对信息呈现的基本结构就会变得清晰透彻，有效信息和无效信息就会变得泾渭分明，组织答案语言也就变得通顺流畅了。

综上，表面上看是学生不能有效和全面地提取信息、注意不到有意义的信息特征和信息模式，而实质是学生对所考查问题本质缺乏了解和对相关知识在新情境下的识别困难，是学生掌握的学科大观念的深度和广度出了问题。

（二）习得学科大概念是学科学习的重要内容

《反思教育：向“全球共同利益”的理念转变?》界定了何谓知识、学习和教育，也就是对知识、学习和教育重新下了定义。它认为“知识在有关学习的任何讨论中都是核心议题，可以理解为个人和社会解读经验的方法。因此，可以将知识广泛地理解为通过学习获得的信息、认识、技能、价值观和态度”。这里的知识类型和前面提到的张云平总结大概念类型时涉及的陈述性知识、程序性知识、元认知知识、价值观知识是比较一致的，但张云平没有把事实性知识纳入大概念的范畴，这意味着大概念知识是对知识的抽象和凝练，是可以在生活中被广泛运用和迁移的知识。

不同的老师会用不同的方式去对同一事物发表见解。比如对于成功，语文老师说，人，要取得成功需要朋友，要取得巨大成功需要敌人；数学老师说，成功等于百分之九十九的汗水，后面的百分之一四舍五入不用了；英语老师说，成功是 yes，失败是 no；历史老师说，历史告诉我们：你想要成为什么样的人，你就装成什么样的人，时间久了，你就会成为那样的人；政治老师说，运用辩证的方法看，每个人都有潜在的能量，只是很容易被习惯所掩盖，被时间所迷离，被惰性所消磨；地理老师说，人生如果选错了方向，停止就是进步；生物老师说，眉毛上的汗水和眉毛下的泪水你必须选择一样。很显然，学科对教师的思维方式和表达方式有着深远和持久的影响。

布鲁纳认为，不论我们选教什么学科，务必使学生理解（掌握）该学科的基本结构。所谓基本结构，包括该学科的基本知识结构、学习态度与方法两方面。结构就是指事物之间的相互联系或规律性，具有“普遍而强有力的适用性”。从这个角度来看，学科教师首要的任务就是要研究学科的基本结构或基本规律，在潜心钻研的过程中，带领学生发现和感受学科的价值，从而为学生的学科素养向更高水平、更高层次迈进奠定基础。教育的过程就是获得知识的过程，而支撑我们去深度理解和运用迁移的知识就是大概念。学科学习帮助我们用该学科的思维模型去分析和理解事物，这促进我们进一步明确学科大概念的学习是学科教学的主要目标。

（三）营造鼓励个人积极探索学科大概念的研究文化比确立某个大概念的内容更重要

现有教材在编写思路和课时设计上详略不明显，学科基本观念在教材中的呈现比较隐晦，课程标准在大概念的内容上也没有明示。教师和学生在使用教材时常常从第一课开始，按编排顺序往后学习，往往将学习时间淹没在一堆零散的知识点记忆和练习当中，耗时耗力还不得要领，而提取学科基本观念的过程是教师和学生发挥主观能动性、创造性的过程，它涉及基本观念提取的理论依据，基本观念形成的脉络、规律、结构层次，依据的知识、信息和情境特征，以及相关的思想方法、育人价值等方面，是一个需要积累、反思、凝练、突破的创造性工作，但教师和学生一旦提炼出适用的基本观念，远比死记硬背上百条理论更有价值，所以这种学术导向将能更充分调动教师和学生的积极性。

学科大概念不仅是某学科理论上静态的观念，更是教师在教、学生在学的过程中不断发展、完善的对学科整体性、系统性、结构化的理解，与学科领域的研究专家相比，这些理解可能具有滞后性、片面性和特殊性，但却对课堂发挥着最大的影响力。营造鼓励个人积极探索学科大概念的研究文化，尊重教师、学生的智力成果，用发展的教育观激发教师、学生研究的主动性和创造性，使其在探索中反思教学过程、内化学科价值。

（四）高质量的课堂教学更需倡导发挥教师的主导作用

2019 年 3 月 18 日，习近平总书记在北京主持召开学校思想政治理论课教师座谈会并在讲话中提到“办好思想政治理论课关键在教师，关键在发挥教师的积极性、主动性、创造性”。在实际教学中，教师发挥了什么样的主导作用往往决定了一节课的效能，因为在上课过程中，教师掌握了绝对的话语权，教学的目标、环节、练习、方式都是由教师来设计的，教师对课程标准及教材的理解和解读往往才是学生面对的重要学习资源。从这个意义上来讲，大概念教学更应该成为促进教师专业发展重要途径。

（五）教学设计和教学范式不能解决所有的课堂问题，主要解决的是如何助力教师使用学科大概念引导、监测和评价教学

影响教学效能的因素有很多，但最核心的因素是教师的课程理解力和课程执行力。学科大概念的研究能帮助教师更好地聚焦教学内容，多围绕“我应该教什么”来思考和取舍，而不是一拿到教材仅从内容的罗列方式方面去思考“我应该用什么方式来教”。如果有范式教学设计来帮助教师更快、更好地从教学内容中提取学科大概念，看到隐含在教学内容的学科规律，这无疑会大大改善实际教学中碎片化、表层化和标签化的问题，也提升了教师在教、学、评过程中的科学性。

（六）“思政小课堂”和“社会大课堂”的课型差异有助于学生获得学科大概念的认知闭环

《墨辩》中认为知识的获得分为闻、说、亲三种。“知：传授之，闻也；方不瘴，说也；身观焉，亲也。”第一种是别人传授给我们的叫做“闻”；第二种是由推论得来的叫做“说”；第三种是自己亲身经历来的叫做“亲”。思政课教学意识形态性质强，有些内容抽象、宏观，课堂讲授更多是依据讲解和推理两种教学方式，从“教学做合一”的理论来看，亲知是一切知识的基础。没有亲知做基础，闻知和说知皆为不可能。因此，思政课教学注重知识的前因后果和推导过程，更不能忽视学生的实践活动。

总之，只有更好地认识学科大概念的内涵、存在方式、意义价值、运用规律，才能更清晰地认识深度学习的要求和目标。对以上问题的基本认识也就成了“举一致用”思政课大概念教学的认知基础：更注重学科大概念对人的意义、更注重学科大概念在课程学习的地位、更注重营造探究学科大概念的教学氛围、更注重教师的主导作用、更注重学科大概念学习在教学做上的贯通。

第二章　“举一致用”思政课大概念教学的理论基础

第一节　大概念的含义及基本特征

《普通高中思想政治课程标准（2017 年版 2020 年修订）》提出的“学科大概念”“学科核心素养”等概念，为更好落实国家立德树人根本任务，应对新时期人才竞争，进一步优化教学、推进课程改革指明了新的方向。

“大概念”目前在教学实践活动中被世界各国广泛使用。教育部制定的《普通高中思想政治课程标准（2017 年版 2020 年修订）》使用了“学科大概念”一词，这意味着我国在政策上确立了大概念在课程教学改革中的重要地位。

大概念研究起源于西方，美国心理学家奥苏贝尔在“意义学习”中提出了要领的概念和附属概念，这是教育领域中的一个概括性概念的萌芽。1902 年，美国教育学家杜威发现，在传统教学中，教师们过于注重具体知识的讲授，建议教师们用“大概念”的讲授来使学生掌握抽象的知识，他是西方教育领域较早提出大概念的学者。随后，大概念教学研究不断深入，主要集中于大概念教学理论层面的探讨及实践层面的模式建构。

1916 年，美国教育学家怀特海在《教育的目的》中提出了“大概念”。怀特海认为，培养孩子的思维，应该选择那些能帮助孩子理解生活中遇到的、构成生活的各种事件的普遍概念，在这里的“普遍概念”是对大概念的一种表达。后来，奥苏贝尔的“要领概念”、布鲁纳的“一般概念”、布鲁姆的“基本概念”等，都已经把概念的内涵初步具体化，指向了知识的结构化。最早对大概念进行系统阐述的是威金斯和麦克泰格，他们在 1988 年的《追求理解的教学设计》中提出，大概念是各种层次关系的核心，也是让事实更容易理解、更有用的概念锚点。我们可以从以下几个维度来综合分析国外学者对大概念内涵的定义。从思维的角度来看，美国学者奥尔森认为大概念是学生在学校学习并能带回家的信息，是具体经验和现象消失后能在思维中留存的中心观念。从受教育者的角度来看，韩国教授邦·达米认为帮助学生建立认识特定知识的首要原则，就是要有一个大的概念。从学科课程的角度来看，林恩·埃里克森认为大概念一般是居于学科中心位置的核心概念，具有超越课堂持续性的教学价值。温·哈伦在科学教育中提炼出十四个大概念，认为大概念是一个核心概念，抽象与概括程度高，是对自然界现象进行的更大范围的解释和预测。威金斯认为，大概念作为"车辖"，它可以联系到与其相关的内容知识。美国《新一代科学教育标准》构建了一个大的概念"金字塔"，它揭示了大概念的层次和外延，其依据是内涵定义。其中，大概念的底端是学科概念，是最底层的事实性知识或学科分解概念；第二层次是学科核心概念；第三个层次是跨专业概念或通用概念；第四个层次为哲学概念。可见，大概念的内在结构层次分明，逻辑清晰，且具有统摄性和可迁移的特点。统摄性体现在大概念从整体上辐射知识点，从而将知识进行结构化整合；可迁移体现在学生可以将已有的与大概念相关的知识、能力与思维灵活迁移至新的问题情境。

大概念传入我国后，特别是被新课程标准明确提出以来，其基本内涵不断丰富。从课程结构上看，盛晓慧认为，大概念是概念的概念，实现了思想学科内或学科间的知识组织化。李松林从认识框架出发，认为概括性思想居于核心位置，在方法论、认识论和价值论方面都具有价值意义。

张翰指出，大概念不同于所说的概念，是指学科具体知识背后能够反映学科本质的思想或观点，更具有核心意义，具有广泛性和广泛性的解释力，而学科的大概念是超越表层符号知识的。刘徽认为，大概念是理解的锚点，"大"的内涵不是"庞大"，也不是指"地基"，指的是"高位"或"上位"，具有很强的迁移价值。吕立杰认为，大概念是指在认知结构化思想指导下，通过使用居于学科基本结构的核心概念或若干课程核心位置的抽象概念，整合相关知识、原理、技能、活动等课程内容要素，形成有关联的课程内容组块。

基于以上分析，我们可以明确大概念是从具体知识结构基础上概括抽象出来的，能够反映事物性质、特征及相互关系的，并且能够进行迁移学习的核心概念、思想或观念，它处于知识结构的中心地位。大概念可以通过词组、句子的方式呈现，但大概念体系不等于知识点体系，大概念体系的形成逻辑是深层次的思想和观点逻辑，而不是浅层的知识符号逻辑，具有重要的价值意义和素养意义。

第二节 大概念教学策略研究

国外学者注重大概念教学的实践研究，并在实践中探索设计出金字塔模型、系统网络模型、线性链模型、逆向教学设计、理念为本的思想教学模式等。邦·达米教授和他的团队以“大概念”为核心开发了金字塔模型，模型由四个部分组成，即大概念、跨学科概念、学科概念和实例模块。查莫斯团队针对 STEM 课程开发了系统网络模式，包括原则、活动、工具、评估四大系统，每个系统下都包含子系统，系统之间相互协作，最终指向 STEM 大概念，整个课程设计在这个模式下呈现出一个系统网络。美国沃克团队开发了线性链模式，该教学模式从教学流程开始，使整个设计流程呈现线性，具体流程为“确定大概念—合理论证—从大概念到关键概念—选择关键概念—建立课程（单元）目标—建立课程（单元）连接”。威金斯提出了逆向教学设计，即通过大概念聚焦教学重点内容，并将评价提前作为强调教学评价的依据，优先确定教学评价，以更好地测试学生对教学内容的认识程度。这种模式下的教学设计包括三个阶段，即确定预期结果、确定恰当的评价证据、设计学习活动和教学。林恩·埃里克森提出以概念为基础的教学模式，强调核心概念在学科教学中的关键作用。具体而言，就是把核心概念变成学生比较容易理解的一般概念，并提出具有驱动作用的问题，进行相应的学习活动。学生在问题的驱动下参加学习活动，从而加深了对学科大概念的认识和理解。

总而言之，相较于国内，无论是大概念教学理论层面还是实践层面，国外研究都起步较早且研究成果较为成熟，尤其是对大概念教学策略与模式的开发与建构，为国内进一步从教学实践层面设计大概念教学的实现路径提供富有价值的借鉴。

自大概念教学从国外引入国内后，许多学者结合中国教育实情对大概念教学进行调整和创造，建构出富有中国特色的大概念教学模式。

余文森从核心素养培育角度出发，指出大概念教学是培养学生探索知识之间的显性与隐性的关联能力，从而培育核心素养的教学模式。刘徽认为，大概念教学是以大概念为核心目标，以解决真实性问题为导向的教学。其注重课与课之间、学科之间的紧密联系与迁移，敢于突破课堂教学的限制，沟通学校与现实，培养学生运用专家思维解决现实世界的问题。李松林从知识整合的角度指出，大概念教学是以大概念为核心的教学，是知识整合的一种新方法。

教学的概括性、价值性，在新课改的大背景下显得至关重要。很多教学实践者从课堂教学质量出发，认为传统教学存在框架零散、知识碎片化、教学浅层化的问题，而大概念教学克服了只局限于具体知识点教学的问题，通过大概念整合教学，赋予知识新的、丰富的意义。从培养学生解决问题能力和思维能力的角度出发，有学者认为，教学通过真实情境的创设、高质量问题链条的驱动和学科任务的参与，发展学生的批判性和创新性思维，提高学生在真实情境中解决问题的能力。余文森从核心素养出发，认为最能转化为素养的知识应该是一个大概念。张翰认为，大概念教学是培养学生能力、形成核心素养的过程。杨小平从具体学科教学出发，认为学科大概念是有效对接学科核心素养与学生的"车辖"。围绕学科大概念选择学科知识，组织、建构大概念教学内容；创设"一例到底"的情境，在大概念的统摄下构建情境进行大概念教学；以培养概括性思维为基础，设计序列化的学科活动，使核心素养的培育有了重要抓手。

国内学者在不断深化大概念教学理论研究的基础上，在实践中探索大概念教学的实施策略。具体来说，实施策略可分为宏观教学设计层面、中观教学组织实施层面及微观教学过程环节层面三个方面。第一，宏观教学设计层面，整体教学注重教学评价一体化，尤其注重"逆向教学设计"，将评价环节前置，以达到教学目标、教学过程与评价设计相融合，通过目标与过程设计评价，以及评价监督目标实践与教学过程的开展，以实现教学目标与评价设计相融合。第二，中观教学组织实施层面，大部分学者认为单元和主题是大概念教学整合的两大重要方式。崔允漷主张用单元来组织大概念教学，教师要从单一的知识点教学转变为大单元设计。颜凤菊主张将学科知识与教学主题紧密联系，以大概念为先导，以主题为线索，将知识置于有意义的主题之中，以促进学生构建完整、系统的学科认知体系，通过主题来整合大概念教学。第三，微观教学过程环节层面，学者结合具体学科与具体教学实际，创设大概念教学实施步骤。大概念单元教学设计由李刚提出，共七个步骤，分别是单元主题的选择、大致概念的筛选、重点概念的确定、主要问题的识别、单元目标的编写、学习活动的开展及评价工具的设计。许小丽认为大概念教学首先要结合课程标准选择大概念的主题与有效真实的教学情境，通过实践活动任务展开单元重构学习。另外，宗德柱从解决教学实施问题出发，为解决当前教学缺乏深度、缺乏变化、缺乏论证、缺乏文化的问题，提出了“教师—学生—专家共同体，模型构建，实践学习”的大概念教学实现路径。刘徽从大概念教学的实施过程出发，认为大概念教学的过程就像织锦的过程一样，准备、构建、运用、反思便是大概念教学的四个构成要素，四根丝线不停地交替着、准备着、构建着、运用着、反思着。其中，准备是认识学习的价值和方向；构建是通过具体案例来认识大概念；运用是指在新情境中运用大概念；反思是指在整个学习过程中贯穿反思，不断进行自我评价与整合。邵朝友、崔允漷从核心素养出发，设计大概念教学方案，即以教学目标来确定大概念、以大概念为依托形成一致性的目标体系、基于大概念的要求设计评价方案、围绕核心问题创设和组织学习活动。

总的来说，大概念教学就是围绕学科大概念，通过提炼核心观点、确定教学逻辑、合理选择真实情境、优化整合教学内容、强化应用迁移的系列步骤建构起来的教学方式。

第三节　大概念思政课教学策略研究

新课标明确提出，以学科大概念为核心，推动课程内容结构化。在宏观的教学策略的指导下，部分学者从微观的具体学科出发，结合学科特征，设计契合本学科的大概念教学策略。就中学思政课而言，学者们结合思政学科的特点，从揭示当前传统思政课教学弊端、设计中学思政课大概念教学实施策略及具体课例等方面，对思政课教学的重要意义进行了深入的剖析。

张翰指出，传统中学思政课教学过于注重知识点的讲授，导致授课容易陷入细枝末节，过多的非结构化知识点容易造成学生认知混乱，对学科无法形成整体认知，对知识更无法形成本质认知。同时，零散知识点只能构成简单的情境，难以建构复杂的真实问题情境，从而弱化学生高层次能力的培养，也难以提升高阶思维能力。此外，知识点教学往往只注重告诉学生"知识点是什么"，而忽视了告诉学生"知识点为什么要这样呈现"，这很容易造成学生认知上的困惑，不能促进他们对价值理念的认同。

学者们在揭示弊端的基础上，重点关注了高中思政学科的意义与价值，并对大概念教学进行了深入研究。陈友芳强调新教材教学要淡化原有教材中对诸多概念的"本质性定义"，不拘泥于概念定义的细枝末节，而是重在关注"思想政治学科课程的基本概念、重要概念，注重学生在真实情境中的迁移能力的培养"。张翰也认为，在课程内容框架的构建、课程标准主题的理解，以及学科核心素养的孕育方面，大概念教学的意义重大。首先，大概念是课程框架内容的核心，体现在大概念联结学科知识方面，其是优选学科内容的依据。其次，大概念是理解课标议题的关键，体现在课标议题的本质和探究目的方面。最后，大概念是核心素养培养的载体，也是学科核心素养发展的过程。

为改变中学思政课的传统教学模式，很多学者提出了关于思政课教学实际的概括性教学策略。沈雪春结合议题式教学，提出高中思政课大概念是未来议题式教学方向之一，应把大概念融入议题式结构化教学中。如围绕《政治与法治》第一单元"中国共产党的领导"这一大概念，设计了"中国共产党为什么是历史和人民的选择""怎样高举永不褪色的旗帜""怎样认识依法执政"三个专题，做到了教学内容有结构、有重点、有主题、有条理。同时，也有学者提出大概念与大单元教学之间存在逻辑上的自洽，所以李寒梅以大概念为基础，提出了大单元教学的策略，即对教材进行分析，建构单元大概念；分析学情，设计单元教学指向素养；呈现真实情境，以问题为导向，设计单元教学流程；制定综合指标，设计单元教学评价，指向真实学力。方敏认为要建构大概念统领的单元概念群，做到立足课程标准，厘清模块、单元、课、框之间的逻辑关联，从而提炼学科大概念；制定进阶式教学目标，做到以学生的认知起点和要达成的学业要求逐层制定教学目标；创设情境化的活动型课堂，做到让情境任务服务于学生、服务于学科内容、服务于学科核心素养的培育。

学科核心概念、学习目标、问题情境、学习活动、评价反思等是大概念教学策略的重要构成要素。基于大概念视角进行教学设计，能够避免教学的碎片化，使得教学指向高位的教学目标，从而培养学生学科核心素养。许多学者针对思政学科教学内容提出学科大概念教学策略，但就中学思政课而言，深入研究其大概念教学策略的成果较少，体现思政学科特殊性的大概念教学策略还有待研究。

第四节　“举一致用”思政课大概念教学的理论依据

思政课改革创新应该以学科大概念为突破口。在新课改背景下，思政课教学内容的系统性、理论性、复杂性不断增强，如何让学生真学、真懂、真信、真用，成为亟待解决的问题。“举一致用”思政课大概念教学以对基础教育影响深刻的教育理论为指导，结合思政课的教学内容和特点，探索出了中学思政课“社会大课堂”和“思政小课堂”结合的育人新模式、新路径。

下面介绍“举一致用”大概念教学所涉及的教育教学理论。

一、学习科学中专家知识的重要原则凸显大概念在教学中的核心地位

《人是如何学习的：大脑、心理、经验及学校（扩展版）》由约翰·D·布兰思福特等编著，汇集了学习科学出现以来最重要的思想和理论，传递了来自认知科学、发展心理学、神经科学、人类学，以及学习科学研究最及时、最有用的研究成果，进一步探讨了将学习科学应用于课堂教学实践的有效方法和今后的研究方向。在该论著中谈到了专家知识的几条重要原则：

（1）专家可以识别出新手无法注意到的信息特征，以及有意义的信息模式。

（2）专家获得大量的内容知识，这些知识的组织方式体现了专家对学科的理解深度。

（3）不能把专家的知识简单地变成某种孤立的事实或命题，而应该反映应用的情境，这些知识受一系列环境的制约。

（4）专家能毫不费力地从所学知识中提炼出重要内容。

（5）专家虽然对自己的学科比较熟悉，但并不能保证就一定会把这门课教给别人。

（6）专家应对新情境的方法灵活多样。

由此可知，专家之所以能更有效地思考该领域的问题，主要就在于其掌握了学科本质及学科知识的组织方式，通过深刻认识学科观念之间的联结性，能够熟练地将这种联结运用到身边的情境之中。大概念教学通过传授知识整合的方法促进学习者有意识并努力地解释和观察现象，以寻求解决问题的路径，其是一种根本性的学习，区别于对信息的记忆或接受。

该研究对教学有以下几点启示：

（1）专家知识不只是罗列有关领域的事实和公式，而是围绕核心概念组织起来的，或围绕“大观点”组织起来的。遇到问题时，专家围绕学科的大概念来思考问题，新手则将问题归于表面特征。这说明教学的目的是帮助学生掌握学科核心概念或“大观点”，课程应该按照如何促进对学科大概念的理解来组织。

（2）信息组合到相似的模式当中有助于提升短时记忆能力，也能更好地促进短时记忆转化成长时记忆。

（3）在学习的过程中要有意增强学习者对有意义的信息模式的敏感度，这种敏感度需要大量的重复训练才能形成，以便达到自动化和顺畅提取有效信息的境界。

（4）分类是重要的学习内容，分类的不同依据是学业水平的重要分水岭，教学中要培养学生的分类意识及掌握不同分类的视角。

（5）在大概念的视角下对教学内容的理解有别于在其他教学方式下对教学内容的理解，教师对学科大概念的理解程度影响了其对学生思维进阶过程中所遇困难类型的认知，同时也影响了其评价学生学业的方式。

学习科学对专家知识的解读充分体现了在信息时代掌握相对稳定的知识结构和变化类型的重要性，而这恰恰反映出教育过程中最关键的部分是教师的专业力。教师对学科的理解程度、对关键知识的理解力决定了课堂的质量和效能，而教师对学科大观念的把握是推进教学过程教学评一致的关键，直接影响了学生学习学科知识的分类方式、联结方式和进阶方式。大概念教学从整体视角、专家视角、生活化应用三个维度提升教师的教学格局。因此，如何帮助、支持、引导教师确立学科大概念是大概念教学过程中最重要的部分。

二、SOLO 分类理论呈现了学科大概念形成的进阶方式

SOLO 是英文“Structure of the Observed Learning Outcome”首字母的缩写，意为“观察到的学习结果的结构”，即通过观察学生在解决某个具体问题时所表现出来的思维结构来间接测量学生的思维水平。这是澳大利亚著名教育心理学家比格斯和他的同事科利斯的研究成果。他们对各学科领域里的学习反应情况进行了系统的实证研究，发现了一个相似的由低级到高级的反应结构，这一反应结构说明学生对某一个具体问题的学习水平，取决于他对相关知识掌握的数量（学了多少）与质量（学得多好）。SOLO 分类理论认为学生对某一个具体问题的反应水平可以分为五个不同的层次：前结构水平、单点结构水平、多点结构水平、关联结构水平、拓展抽象水平，具体如图 2－1 所示。

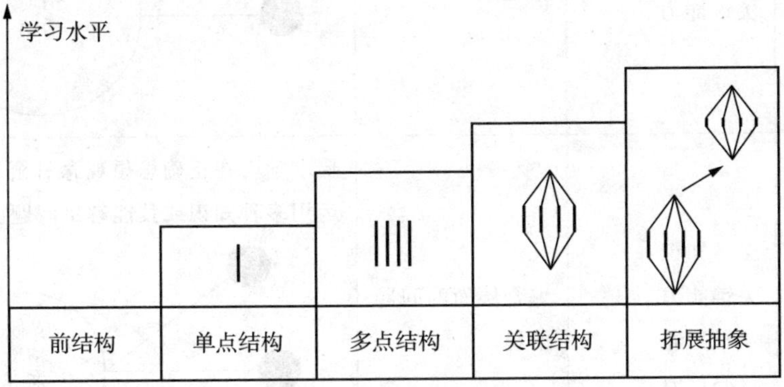

图 2－1　SOLO 分类理论的五个水平层次

SOLO 分类理论不是把学习结果简单地划分为对或错两种结果，而是把学习者确定为不同的认知水平，从学习者的学习结果出发判断学习者的认知发展水平。前一种水平的发展是后一种水平发展的基础，它反映了学习者学习的一般过程，也反映了思维结构的一般形成规律。

作为深化新时代高考内容改革的基础工程、理论支撑和实践指南，《中国高考评价体系》规定高考的考查内容和考查要求是灵活运用不同类型的试题情境，考查学生发挥必备知识、关键能力和学科素养的水平情况，即在核心价值引领下综合运用知识和能力的水平，综合体现考查“基础性”“综合性”“应用性”“创新性”的要求，既要求学生能够触类旁通、融会贯通，包括同一层面、横向的交互融合，也包括不同层面、纵向的融会贯通。以必备知识

为例，各个知识点之间不是割裂的，而是处于整个知识网络之中的。命制试题时，要从研究对象或事物的整体性、完整性出发，不仅要从学科内容上进行融合，凸显对复合能力的要求，也要在试题形式上呈现丰富多样，实现对学生素质的全面考查。同时，《中国高考评价体系说明》图示了不同情境和情境活动的命题要求，具体见表 2 - 1 所列。

表 2 - 1　基于不同情境和情境活动的命题要求

考查要求	考查内容	考查载体	基于情境活动的命题要求
基础性	构成学科素养基础的必备知识和关键能力	基本层面的问题情境	要求学生调动单一的知识或技能解决问题。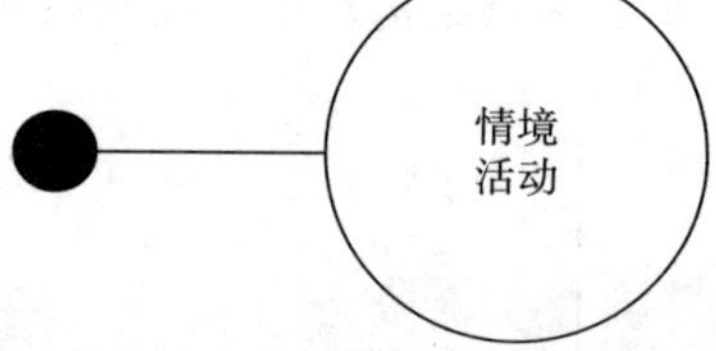
综合性	必备知识 关键能力 学科素养 核心价值	综合层面的问题情境	要求学生在正确思想观念引领下，综合运用多种知识或技能解决问题。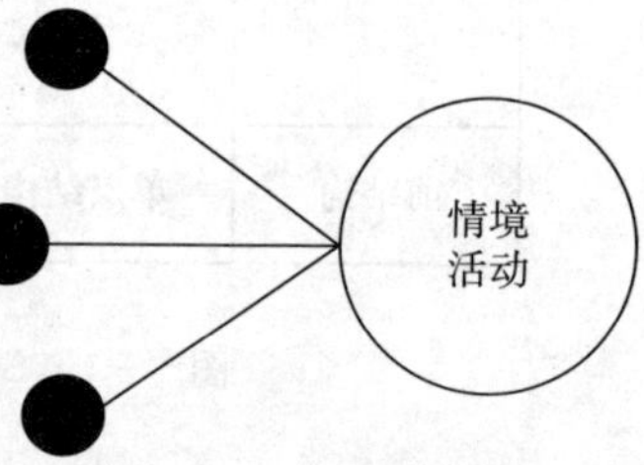
应用性	必备知识 关键能力 学科素养 核心价值	生活实践问题情境或学习探索问题情境	要求学生在正确思想观念引领下，综合运用多种知识或技能来解决生活实践中的应用性问题。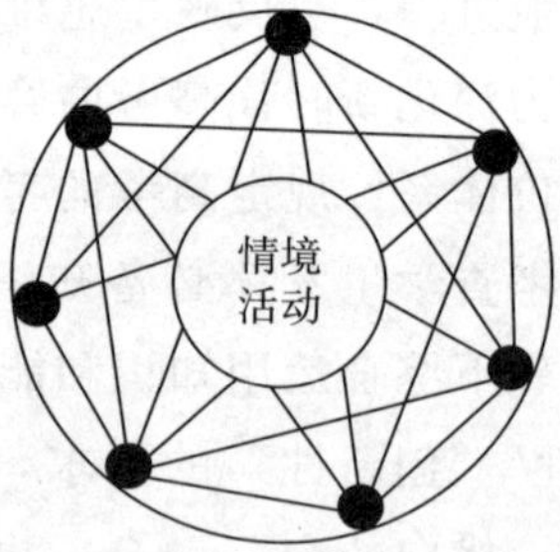

（续表）

考查要求	考查内容	考查载体	基于情境活动的命题要求
创新性	必备知识 关键能力 学科素养 核心价值	开放性的生活实践问题情境或学习探索问题情境	要求学生在正确思想观念引领下，在开放性的综合情境中创造性地解决问题，形成创造性的结果或结论。 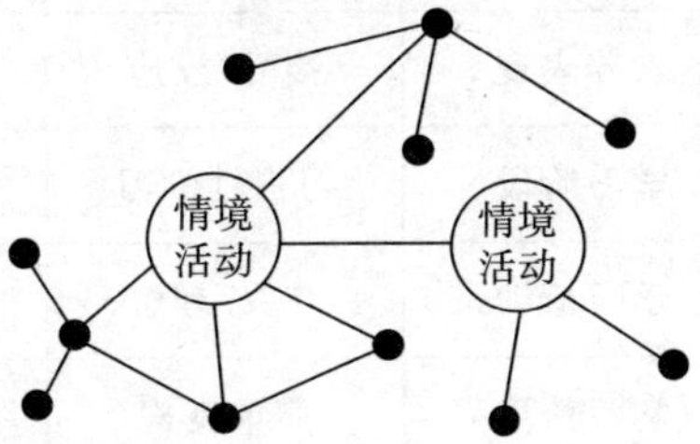

不难发现，高考命题基于不同情境和情境活动的命题要求与 SOLO 分类评价理论有不谋而合之处。在实际的大概念教学中，如何运用 SOLO 分类理论进行教学目标的层级叙写，提升教学目标的指向性；如何利用 SOLO 分类理论提升不同教学内容的关联性和渐进性；如何借鉴 SOLO 分类理论优化学科知识结构，提升师生对学科的整体认知水平；如何运用 SOLO 分类理论促进学科大概念的显性呈现，让“专家知识”更容易被看见和学习；如何运用 SOLO 理论优化教学目标、学习活动和评价任务，综合考查学生大概念的掌握程度等，都体现了 SOLO 分类理论可为大概念教学的实施提供理论指导。

三、新结构教学评框架为大概念教学提供了行动支架

自新课标、新教材实施以来，思政课程呈现出内容更为丰富、理论性有所增强、对学生素养水平要求高等特点，对教学提出了新挑战。“如何实现知识体系、学习体系和资源体系的一致性设计，将各要素统合为一个运行的整体”，从而实现学习内容的结构化理解和教学的结构化实施，成为思政课程落实活动型教学，培育学科核心素养的重要课题。因此，新结构教学评框架融合借鉴教育目标分类学、现代学习科学的相关理论，建构起结构化的学习结果质量体系，为思政课程的新实践提供了新的理论参考。

新结构教学评框架是由张云平提出的，该理论主张以结构化的思维方式改进教学评方法，表现为以结构化的大概念理解教学内容，以结构化的关键能力贯通教学过程，以结构化的问题情境泛化知识能力，以结构化的学习水

平明晰学科素养的形成。新结构教学评框架见表 2－2 所列。

表 2－2　新结构教学评框架

	水平一	水平二	水平三	水平四
素养水平	认识	认可	认同	认定
素养表现	接受/反应	支持/依从	价值化/信奉	自动化/个性化
学习阶段	习得性学习	应用性学习	拓展性学习	适应性学习
学习活动	获取/理解	执行/实施	分析/评价	实践/创造
学习情境	简单良构	一般良构	复杂良构	挑战性劣构
学习知识（大概念）	陈述性知识/程序性知识/元认知知识/品格价值观			

新结构教学评框架坚持以学生发展为本，以课程标准为引领，从学业测评的角度出发，科学界定了学习知识（大概念）在由低到高四个学习阶段中对应的学习情境和学习活动的关键特征，并通过学习阶段的学习结果测定学生所达到的素养水平。这一学习结果框架在对学科知识、关键能力、学习情境、学习品质综合把握的基础上，为教师的教与评、学生的学提供了明确具体的质量指标，从而引导学生核心素养的发展。这一理论为思政课程教学落实学科核心素养培育提供了重要参考，具体体现在下面几点：

第一，将习得和泛化学科大概念作为落实核心素养最重要的抓手。课程目标的实现应通过促进教师和学生发现反映该学科本质及其特殊性的学科框架概念，掌握大概念的呈现类型，并在不同典型情境中加强对学科大概念的深度理解和迁移运用。这提醒教师的教学目标必须对反映学科大概念内涵的陈述性知识、反映学科大概念如何运用的程序性知识，以及反映学科大概念的品格价值观在不同学习阶段而设计的学习活动作出说明，并反思相关的学习活动将如何调用元认知知识。所设计的学习活动遵循由低水平学习阶段向高水平学习阶段进阶的规律，在学生获取或理解大概念的习得性学习基础上，促进学习向应用性学习、拓展性学习和适应性学习的渐进提升，推进学科大概念的学习结果由习得向泛化转变。

第二，以真实的学习情境为知识习得、能力养成的重要依托。素养导向的思政课程教学强调通过渐次复杂的真实学习情境完成问题化学习，逐步实现学科内、跨学科、真实世界可预测和不可预测情境的知识应用，推进学习进阶。思政课程教材内容涉及的事实、信息、数据、案例等学习素材极其广泛，应该根据学生的学习基础、学习阶段的特征精心选择大概念知识所反映的生活实际问题情境，通过问题导学的过程让学习素材成为学生思维进阶的支架，使学习效果事半功倍。

第三，让核心素养培育“有章可循”。新结构教学评框架综合运用教育目标分类学、学习科学、评估科学研究成果，领会课程标准的总体思想，将素养从低到高划分为认识、认可、认同、认定四个水平，并对每个水平的素养表现、学习活动给出了主要质量指标，这些质量指标在反映学习品质水平的同时，也界定了学习阶段。

第四，核心素养的培育是关注生命感受、促进知行合一的过程。新结构教学评框架遵循认知规律，关注学生个体实践经验的形成，将教育看成教师知识传授、观念灌输和学生德性成长、适应创造的双向过程。新结构教学评框架以专家知识的视角给教育教学的大概念作了很好的示范，促进教师对学习过程的素养水平、素养表现、学习阶段、学习活动、学习情境和学习知识的结构化理解，对教学目标、教学活动、教学评价具有一体化的推进作用，特别是对学科大概念作了陈述性知识、程序性知识、元认知知识和品格价值观知识的分类，为促进教师自身学科大概念的建构提供了认知支架。

四、学业质量评价为“以评导学”的大概念教学提供了学科框架

《普通高中思想政治课程标准（2017 年版 2020 年修订）》与以往的课程标准最为不同的是，围绕核心素养的落实，研制了学业质量标准。学业质量标准立足高中学段，对学科核心素养的关键表现做了提炼，并对这些关键表现可以达到的水平做了划分，为在课程实施过程促进教、学、考的一致与衔接提供了重要参考。通过对学业质量的分析和研究，提炼出高中思政课程的大概念，并通过研究这一大概念的主旨和呈现方式，统摄指导高中思政学科的教学。

《普通高中思想政治课程标准（2017 年版 2020 年修订）》的第五部分“学业质量”对学生完成高中思政学科的学业成就表现做了总体刻画，依据不同水平学业成就表现的关键特征，将学业质量划分为不同水平，并对不同水平的学习结果做了描述。学业质量水平中对核心素养的政治认同方面的描述见表 2－3 所列。

表 2-3　学业质量水平中对核心素养的政治认同方面的描述

水平	质量描述
1	引用典型事例，证实选择中国特色社会主义道路的正确性；回顾改革开放的发展历程，表明中国特色社会主义理论体系是指导党和人民沿着中国特色社会主义道路实现中华民族伟大复兴的正确理论，习近平新时代中国特色社会主义思想是马克思主义中国化最新成果；引述宪法对我国根本制度的规定，了解社会主义制度的特征；结合典型事例，说明中国共产党是中国特色社会主义事业的领导核心；描绘全面建成小康社会的图景，解释国家富强民主文明和谐美丽的价值目标，表达中国特色社会主义是全国各族人民的共同理想。
2	通过对中国近现代史的回顾，依循历史逻辑证实走中国特色社会主义道路是历史和人民的选择；叙述马克思主义"一脉相承、与时俱进"的发展，明确习近平新时代中国特色社会主义思想是对马克思列宁主义、毛泽东思想、邓小平理论、"三个代表"重要思想、科学发展观的继承和发展，是马克思主义中国化最新成果；分析具体事例，归纳中国特色社会主义政治制度、经济制度的特点和优点；运用具体事例，展示中国共产党依法执政的方式，说明加强和改善党的领导的意义；结合为实现中华民族伟大复兴中国梦而奋斗的历程，解释社会主义核心价值观是中国特色社会主义道路、理论、制度和文化的价值表达。
3	选择恰当论据，在全球视野中比较各国发展道路，论证只有中国特色社会主义才能发展中国；结合改革开放的实践，阐述习近平新时代中国特色社会主义思想的精神实质；对照西方主要国家的政治制度阐述人民代表大会制度的组织和活动原则，说明绝不能照搬西方政治制度模式的道理；阐明党的执政理念和全面从严治党的意志，阐述中国共产党永远保持先进性和纯洁性的意义；论证社会主义核心价值观既体现了社会主义本质要求，继承了中华优秀传统文化，也吸收了世界文明有益成果，体现了时代精神。
4	综合运用各种论据，辨析各种错误思潮，有创见地批驳封闭僵化或改旗易帜的主张，阐明走中国特色社会主义道路的坚定信念；阐述习近平新时代中国特色社会主义思想的丰富内涵，表达坚守本色、保持特色、锐意进取的意志；跟进全面深化改革的进程，论证坚持中国特色社会主义制度不动摇的理由；引用全面从严治党的各种数据，评析中国共产党领导全国各族人民长期奋斗、不忘初心、继续前进的业绩；论证中国特色社会主义文化源自于中华优秀传统文化，熔铸于革命文化和社会主义先进文化，植根于中国特色社会主义伟大实践，阐明道路自信、理论自信、制度自信都是文化自信的表现。

根据上述表述，可以提炼“政治认同”这一核心素养的关键特征有以下五点：

（1）只有中国特色社会主义才能发展中国（道路自信）；

（2）坚持和发展中国特色社会主义理论体系，理解、认同习近平新时代中国特色社会主义思想是马克思主义中国化的最新理论成果（理论自信）；

（3）坚持中国特色社会主义制度不动摇（制度自信）；

（4）坚持中国共产党的领导；

（5）道路自信、理论自信、制度自信都是中国特色社会主义文化自信的表现（文化自信）。

按照这一方法，同样可以确定科学精神、法治意识、公共参与这三个核心素养表现的关键特征。

学业质量水平中对核心素养的科学精神方面的描述见表 2-4 所列。

表 2-4　学业质量水平中对核心素养的科学精神方面的描述

水平	质量描述
1	依据马克思主义哲学基本原理，观察并解释经济、政治、文化、社会和生态等现象，阐释创新、协调、绿色、开放、共享的新发展理念；运用相关学科的方法，表述相关体制运行的意义，在实践中识别决策目标和主要限制性条件，确认合理的选择方案；面对各种矛盾争端，把握个人在社会生活中的角色，评价既遵守规范、遵循程序，又不盲从、敢于质疑的行为；识别当前各种文化现象，理解存在于区域、民族和国家间的文化差异，表明认同中华文化、尊重域外文化、选择先进文化的态度。
2	运用辩证唯物主义基本观点和方法，回应当前经济、政治、文化、社会和生态文明建设中的突出问题，并对相关信息或推理进行检验和评价；运用相关学科的方法，在实践中反思各领域既有政策和体制、机制方面的限制性条件，解放思想，评估其对国家和社会发展的影响；关注当前热点问题和事件，科学论证选择方案，既表达担当社会责任的态度，又表现促进社会和谐的智慧；辨析继承中华优秀传统文化、不同文化交流互鉴、践行与传播先进文化的行为，表达文化创新的意义，揭示事物的文化价值以及各种文化现象背后的重要影响因素。
3	运用历史唯物主义基本观点和方法，阐释社会发展的基本规律和趋势，用历史思维评价不同信息和观点，辨明事实真伪；针对经济、政治、社会活动中的重要议题，运用相关学原理辨识各种选择方案，预测未来发展的走向，作出恰当的研判；针对生活实践中各种不确定的具体问题，用矛盾分析的方法权衡利弊，作出正确的价值判断和行为选择；在积极开展国际文化交往的过程中，对如何继承中华优秀传统文化和革命文化、发展中国特色社会主义文化等议题，发表持之有故、言之成理的见解，并提出可行的建议。

（续表）

水平	质量描述
4	运用辩证唯物主义和历史唯物主义原理，揭示社会变革的原因，把握历史发展的阶段性特征，论述因势而谋、应势而动、顺势而为的意义；直面经济、政治、文化、社会和生态文明建设中的各种问题和挑战，秉持建设性批判的态度，解放思想、实事求是，采用相关学科的探究方法进行正确判断和选择；应对成长过程遭遇的复杂情境和突发事件，运用辩证思维，掌控分歧及各种不确定性，澄清有关信息和观点的误导，提出有创见的解决方案；响应各种思想文化交流交融交锋的态势，在全球视野下表现文化理解力和传播力，对创造性转化与创新性发展中华优秀传统文化、坚持中国特色社会主义文化发展道路发表见解。

根据上述表述，可以提炼"科学精神"这一核心素养的关键特征有以下四点：

（1）用辩证思维和历史思维辨识和分析社会发展的现象和理念；

（2）对公共生活领域的各种问题，解放思想，实事求是，正确看待政策、体制、机制；

（3）对私人生活领域的问题，遵守规范和程序，树立正确价值观，理性对待、正确抉择、创造性解决；

（4）在全球视野下，推动中华优秀传统文化创造性转化、创新性发展，增强文化理解力和国际传播力。

学业质量水平中对核心素养的法治意识方面的描述见表2-5所列。

表2-5　学业质量水平中对核心素养的法治意识方面的描述

水平	质量描述
1	讲述法治使国家更强大的典型事例，表明法治是先进的国家治理方式；列举科学立法、严格执法、公正司法、全民守法的事例，描绘社会主义法治国家的图景；列举实例，说明任何组织或者个人都没有超越宪法和法律的特权；秉持自由、平等、公正、法治的价值取向，解释公民依法行使权利、依法履行义务的行为；引用自身的经验，推荐依法办事、依法维权、依法解决纠纷的案例，表明法治让社会更和谐。
2	描述法治国家、法治政府、法治社会的基本表征，说明依法治国是党领导人民治理国家的基本方式；归纳法犯罪的主要种类及其成因，阐明宪法法律至上、法律面前人人平等的法治理念；剖析实例，比较不同的涉法行为，预测其后果，阐释权利与义务的关系；联系依法治理的实际，证实依法办事、依法维权、依法解决纠纷的好处，表达法治让生活更美好的感悟。

（续表）

水平	质量描述
3	列举生活中立法、执法、司法和守法的实例，阐述全面依法治国的总目标；基于法律的本质和功能，选择恰当的论据和论证方式，阐释宪法法律至上、法律面前人人平等的含义；针对民事活动与公共参与过程中的不当行为，解释相关权利和义务的法律意义，明辨依法行使权利、履行义务的正确方式；针对经济、政治、文化、社会生活中的行为误区，辨析法律与自由的关系，阐明法治保障对提高生活品质的作用。
4	反思历史经验，立足于发展中国特色社会主义的实践，阐释全面依法治国对推进国家治理体系和治理能力现代化的意义；选用立法、执法、司法和守法中体现法律面前人人平等的实例，阐述运用法治思维的意义，论证尊崇宪法和法律在治国理政中的利用价值；了解生活中主要民事法律规范，列举解决纠纷的有效途径和方式，论证依法行使权利、依法履行义务、依法办事的意义；描绘法治中国的蓝图，阐述法治信仰的价值，提出维护公平正义和法律尊严的行动方案。

根据上述表述，可以提炼“法治意识”这一核心素养的关键特征有以下四点：

（1）法治是先进的国家治理方式；

（2）法治思维表现在立法、执法、司法和守法各个环节；

（3）权利和义务相一致；

（4）依法办事、依法维权、依法解决纠纷，培育法治信仰，描绘法治中国的蓝图。

学业质量水平中对核心素养的公共参与方面的描述见表 2－6 所列。

表 2－6　学业质量水平中对核心素养的公共参与方面的描述

水平	质量描述
1	引用主流媒体的报道，确认公民参与国家立法、政府决策、社会治理、公共服务的途径、方式和规则；引用经过核实的报道，解释公民参与民主决策、民主管理、民主监督的必要条件和重要意义；阐述爱国、敬业、诚信、友善的价值准则，表明参加公益活动、践行公共道德的积极态度；结合各层面、各领域公民参与的情境，表明公共参与是体现人民主体地位的应有之义。

（续表）

水平	质量描述
2	举例说明各领域、各层级公共机构与公民生活的关系，并表达对这些机构的工作方式和规则的期望；针对人们当前关注的公共事务，评议政府履行职责的行为；解释基层群众自治的价值，阐述公民有序参与、直接行使民主权利的意义；分享公共参与的体验，表达参与公益事业的幸福感和成就感；评析公共参与的实例，展现我国人民的主人翁意识和社会责任感。
3	剖析公共机构制定公共政策的实例，阐释公民有序参与不同领域、不同层级公共事务的意义和价值；列举公共利益与私人利益发生矛盾的实例，阐述协商民主的意义和价值，评估合理解决矛盾的方案；列举不同情境下的各种冷漠表现和议论，剖析致冷漠的思想根源，彰显践行公共道德的勇气；抨击漠视、损害公共利益的行为，表达公共参与的强烈意愿，提出率先垂范的行动方案。
4	评析各种指向公共机构的质疑，解释公民在公共参与过程中与各领域、各层级公共机构的互动关系，系统归纳参与国家立法、政府决策、社会治理的途径和方式；列举不同群体间利益冲突的实例，揭示其历史和现实根源，并提出管控冲突、化解矛盾的方法；评述有序政治参与的过程，既解释公民行使权利、履行义务的意义，又强调人民主体地位的保障；全面阐述公共参与对公民直接行使权利的意义，论证公共参与是人民当家作主的必然表现和重要标志，是当代中国公民责任担当的宝贵品格和关键能力。

根据上述表述，可以提炼"法治意识"这一核心素养的关键特征有以下四点：

（1）理性看待各领域、各层级公共机构的相互作用；

（2）明确民主参与的途径和方式，有序参与公共事务；

（3）从国家治理和社会治理两个方面，感受协商民主的意义和价值；

（4）关注公共利益，展示公共精神的美好。

通过对高中思政课程学业质量评价的研究，可以提炼出高中阶段思政课程需要掌握的十八条学科大概念。

《义务教育道德与法治课程标准（2022年版）》业已发布，课标对义务教育阶段的学生在政治认同、道德修养、法治观念、健全人格、责任意识方面做出了具体的要求，参考高中思政课程学业质量评价要求的提取方法，教师也可以对义务教育阶段思政课程的大概念进行相应的提取。

五、STEM 课程的教育理念为思政课项目式学习提供理论指导

进入二十一世纪，STEM 教育已经在全世界引起了广泛的关注和影响。STEM 是科学（Science）、技术（Technology）、工程（Engineering）、数学（Mathematics）四门学科英文首字母的缩写，后来又加入艺术（Arts）成为 STEAM 教育。STEM 教育是通过基于情境、工程设计、项目等方式对科学、技术、工程和数学四门学科进行融合的跨学科教育，借此不断满足社会发展对科技创新，以及科技与工程类人才与日俱增的需求。其中，将“基于情境”“基于问题”“基于合作”“基于运用”等理念用在思想政治学科的项目式学习上，能帮助学生更有效地解决认知领域的盲点和障碍，改善将情感信念教学目标简单地当作知识目标来“填灌”的现状。

《教育部关于全面深化课程改革落实立德树人根本任务的意见》指出，高中思想政治课改革应聚焦政治认同、科学精神、法治意识和公共参与四个基本核心素养。这要求我们在教学中既要观点鲜明、政治信仰坚定，突出本学科特质，又要关注整个课程的学习过程，还要关注学生在课程中的思考力和行动力，把课程内容放置在特定活动的体验中。

在当前的高中思想政治课堂中，教学还是着眼于深度挖掘学科知识，通过教师的讲解来提升学生的学科素养。深度挖掘教材内容是培养学生学科素养的有益探索，但课堂之外的实践是思想政治学科教学实践不可忽视的广阔空间。在教学中，尽管教师日益注重课堂教学的时政性和生活化取向，但素材与学生的真实参与是存在差距的，对于渐趋成人的高中生，更迫切地需要接触活生生的社会现实，从而在社会磨砺中有所经历和觉醒。高中生经过了小学和初中阶段的学习，在知识积累、体质发育和心绪控制上都有了很大的提升，但是这些指标的完成更多局限于课内认知性学习，社会实践经验非常匮乏，迫于考试和教学指标的双重压力，知识性学习和操作性实践更多时候是平行线关系，二者很难产生交集。

STEM 的推广价值在于它倡导的教育理念：它是关于学生主动参与实践的学习，是“做中学”的学习，是在解决问题中整合知识的学习，是在团结与协作中认识自我和社会的学习。高中思想政治学科的教学包含了经济学、法学、社会学、政治学、哲学、伦理学、逻辑学等学科的知识，在跨学科运用方面，政治教师有着独特的优势，而 STEM 理念注重学生体验、强调知识运用、开放教育情境等教育价值恰恰解决了当前思政课程在课堂教学中的困

境和尴尬。

为更好地实现课程标准的理念和要求，笔者认为，思政课程设置需要“两条腿”，即在设置思想政治学科国家课程的基础上，增设思想政治学科STEM课程。思想政治学科STEM课程是立足于思想政治学科课程目标，基于对知识的实践和运用，采用“做中学”的方式，并具有一定学科综合性的校本课程。

总而言之，学习科学中专家知识的重要原则凸显大概念在教学中的核心地位，明确了“举一致用”大概念教学的研究方向；SOLO分类理论呈现了学科大概念形成的进阶方式，为“举一致用”大概念教学提供实践策略；新结构教学评框架展现了教育教学的结构化理解，为“举一致用”大概念教学提供了行动支架；学业质量评价“以评导学”教育理念，为“举一致用”大概念教学提供了大概念的内容框架；STEM课程的“基于情境”“基于问题”“基于合作”“基于运用”的教育理念为思政课程项目式学习提供理论指导。

第三章“举一致用”思政课大概念教学的研究实践

第一节 聚焦思政小课堂“讲什么”的意外认识

笔者在教高中思想政治必修1《经济生活》第五课第二框“公司的经营”这一部分时，教学设计的思路就是按照教材呈现的思路来进行的，因为这部分的内容非常丰富，设计的教学环节包括九个部分：企业的含义、企业的地位、企业的种类、公司的含义、公司的形式、不同公司形式的区别、公司的组织机构、企业的经营和发展、兼并和破产。

一节课下来，笔者忙忙碌碌，马不停蹄地从一个环节到另一个环节，教学内容是完成了，但当笔者收拾东西准备离开课室时，一位同学迎了上来，问了我这样一个问题：“公司如果可以破产，岂不是对它的债权人不公平？”

在回答完学生的问题后，笔者就开始反思：学生产生这样的困惑，关键是对公司这一概念缺乏理解，在谈到企业破产这一行为时，并不能将其和公司是企业法人这一特点关联，也并没有意识到“独立”和“有限”是公司的存在条件。而这一认知缺陷产生的原因，就在于他在接受“公司”这一概念时出现了不足和偏差。笔者顿时意识到，老师们经常抱怨“上课都讲过的内容，为什么学生总是出错”的原因在于，看似所有的知识点都讲过了，但因为学生对关键知识没有理解透彻，使得知识停留在浅层和表面的理解上，所以一旦遇到知识的运用和迁移时，往往会暴露“基础不牢，地动山摇”的问题。那这一不足可否通过改进教学观念和教学设计来弥补？在这九个部分的教学内容中，哪部分内容起着最为关键的作用，影响着学生对其他内容的理解？在教学设计中应呈现和发挥关键知识的作用，让教学内容重点突出、层次分明，可否尝试通过找准关键概念，在关键概念上整合其他相关知识这一思路来突破这一难题？

笔者依据这节课的内容，做了一个大胆的设想：既然学生的困惑源于对公司这一关键概念的理解不到位，可不可以将所有的知识通过公司这一概念来整合，所有从概念延伸出去的要点都又回到概念上来印证，让学生通过把关键概念弄清、弄懂、弄透，从而掌握教材中的相关知识。

在教学中教师可以将对"公司"概念的理解集中在"依法设立""股东出资""营利""企业法人"关键词上，然后通过对其他教学内容的整合及与关键词的对接，进一步强化学生对其的认识。"公司的经营"可以以"公司"为核心概念整合成系统的知识体系，具体如图 3-1 所示。

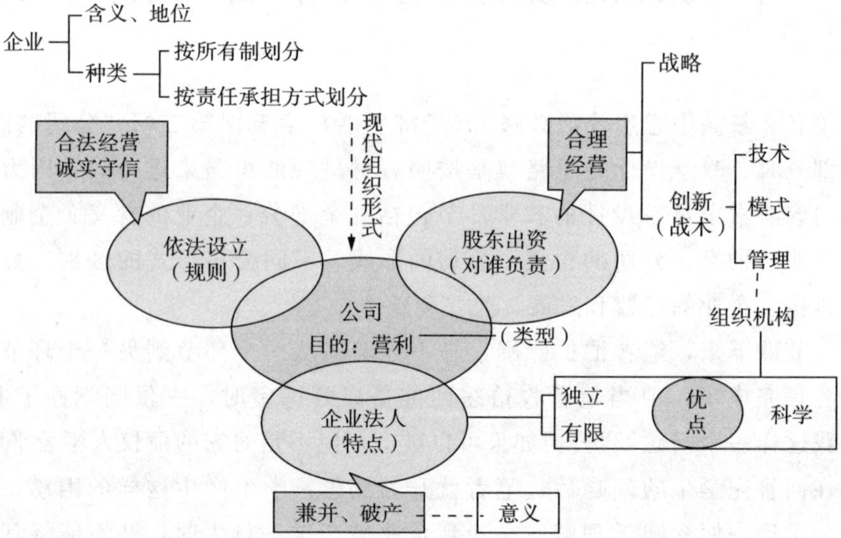

图 3-1　"公司的经营"知识体系

总之，一节课看似比较长，但真正能让有用的、有思维含量的、有启发价值的知识最大限度地发挥价值和功用，最好的办法就是坚持"少就是多"的原则，让一些附属问题聚焦在主问题上，突出主问题的核心地位，加深学生对主问题的认识和理解。这无形当中培养了教师和学生对知识的归纳和概括能力，提升了思维的抽象性和逻辑性，如果每节课的内容都聚焦在教学内容的核心问题上，随着课时的推移，自然而然会形成课程核心内容的链条，凸显学科的核心内容和思维方法。

第二节　“举一”：大概念教学范式的第一次迭代

当前的思政课堂教学存在“三变一不变”现象。首先，教育理念由知识立意转变为素养立意，教学的重点更多聚焦在如何帮助学生提高对学科知识整体性理解的运用和迁移上；其次，新课标、新教材的编写更关注学科知识的结构化和学科活动的结构化，学科观点叙述的主线更加清晰；再次，如何将教学内容呈现在课堂上的关键因素是教师，新教材对教师的课程理解力和实施力的要求不断提高；最后，大部分学校的课时安排依旧是一周两节课，一节课四十分钟，教材也是按照四十分钟的时长来编写每框的内容，两节课之间的一般有一到三天的跨度，所以每一框在主题上既有独立性又相互关联。

瑞士心理学家皮亚杰认为，发生认识的发展涉及图式、同化、顺应和平衡四个方面，其中图式是核心。图式就是动作的结构或组织，这些动作在相同或类似的环境中不断重复而引起迁移或概括。个体之所以能对刺激做出这样或那样的反应，是由于个体具有能够同化这种刺激的某种图式，因而作出相应的反应。同化就是把环境因素纳入机体已有的图式或结构之中，以加强和丰富主体的动作。顺应就是改变主体动作以适应客观变化。主体通过同化和顺应两种形式达到机体与环境的平衡，产生新的图式。

发生认识论对概念及概念形成过程进行了分析，将概念形成过程分成四个阶段：感知运动阶段、前运演阶段、具体运演阶段、形式运演阶段。这四个阶段在概念的形成过程中表现为隐概念、迷思概念、初概念和逻辑概念。概念形成的四个阶段如图 3 - 2 所示。

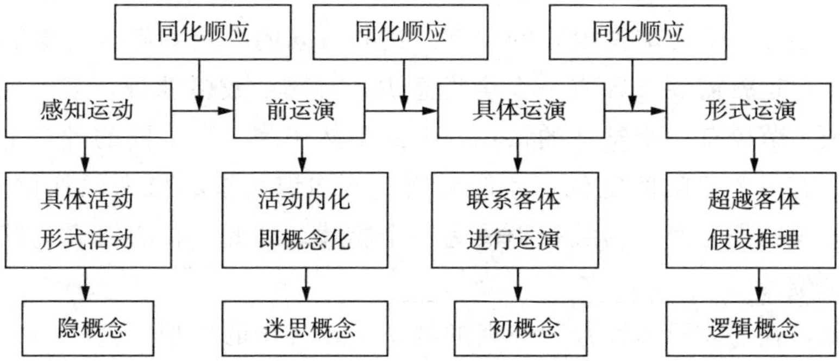

图 3 - 2　概念形成的四个阶段

针对学生没有理解和准确把握概念性知识的问题，笔者通过核心概念构建知识体系教学模式，以核心概念为突破口，通过一定环节帮助学生深度理解并灵活运用核心概念，达到以点带面的效果，从而让学生对所教内容有层次的、有侧重地掌握。核心概念构建知识体系教学模式如图 3 - 3 所示。

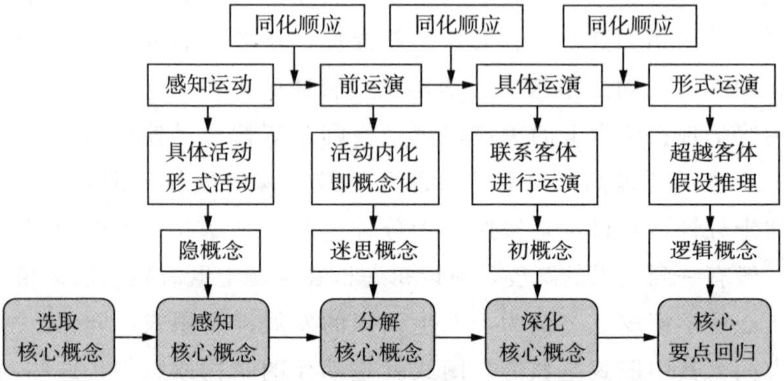

图 3 - 3　核心概念构建知识体系教学模式

下面笔者以"公司的经营"一课为例，介绍该模式的具体操作环节。

一、选取核心概念——高位把握教材，多方比较中寻求最佳

这里的核心概念不仅指课程里的核心概念，更是指一节课的教学目标中最核心、最有学科价值的概念，它能对本节课的内容起到统领、主导的作用，是知识的聚合器。教材中的每一目、一节课、一个专题或模块的知识都是基于某个核心概念并按照一定的逻辑和顺序组织和建构起来的，它既是学科知识产生的起点，也是讲授内容的关键。核心概念的界定和筛选是顺利开展教学的前提，这就需要教师有一个全局意识，对整个政治课程、某个模块、某个专题或某节课有一个整体的认识，做到了然于胸。在不同的教学范围中对核心概念有一个清晰的定位，才能明确其他知识与核心概念的地位和联系，使众多知识在核心概念的统领下成为一个整体。如此，核心概念的筛选才会准确、到位。

例如，在"公司的经营"一框的教学中，公司的类型、公司的经营及企业的相关知识都可围绕公司这一概念来组织与整合。从课程的意义上看，公

司是国民经济运行的细胞，现代经济社会需要更多锐意进取、诚实守信的公司来推动，通过课堂教学能初步培养学生的经营意识和现代企业精神。综合考虑，“公司”的概念能成为这节课的核心概念。

二、感知核心概念——学习情绪准备，形成积极的学习态度

学生的学科探究是从问题开始的，是一个不断提出问题和解决问题的过程。在刚接触核心概念时，让学生直接学习抽象的知识是困难的，这时的教学活动可以设置一些涉及生活经验的话题（浅）、生动丰富的概念形成的背景材料（趣）、引发学生进一步思考的设问（疑），在创设宽松愉快的教学氛围、营造民主和谐的师生关系的同时，也让学生感受到发现问题和聚焦问题的喜悦。

“公司的经营”的核心概念确定为“公司”后，课堂教学的首要环节可以设计一些拉近学生距离的话题，如“我们身边有什么公司”“你对公司有什么印象”“最近的新闻事件中有哪些关于公司的报道”“你认为什么是公司”等，或者可以讲一些有关公司的趣闻轶事。

三、分解核心概念——突破关键词句，统筹其他教学内容

新课改减少了对概念本身知识性的考查，使教学更多地关注教学过程的生活体验，不少教师淡化了概念教学。核心概念包容性强，含义一般都较为丰富，解释所用的词句往往都比较长，增加了学生理解的困难。引导学生紧紧扣住其中一些切中概念要害的关键词句，整合其他的教学内容使之成为分析关键词句的教学资源，最终形成在核心概念的统领下的一个较为完整的知识体系。

在教学中教师可以通过“依法设立”“股东出资”“营利”“企业法人”等关键词促进学生对“公司”概念的理解。在“依法设立”这个知识点中，教师应启发学生思考“公司为什么要依法设立、诚信经营”，可联系商品交换、市场经济的相关知识来回答；在“企业法人”这一知识点中可以设置“为什么要深化国有企业股份制改革”；在“公司的类型”中让学生“尝试用自己的方式区分有限责任公司和股份有限公司”；在“公司的经营”中创设情境让学生感悟经营策略等。

四、深化核心概念——寻求学科价值，搭建外在知识和内在精神的桥梁

知识的讲授不应将抽象概念、方法与知识本身的意义环境分离，学习的内容应结合真实问题情境。在教学中，教师应帮助学生将概念理解融入生活原型，在此过程中引导学生观察比较、抽象提炼，以提升他们对概念内涵的丰富认识和整体感悟。教师在组织教学时要发掘这些知识背后的精神意蕴，首先必须尽可能地读懂这些概念，进行客观分析，并回到相关学科背景，还原它们的本义和价值。

在"公司的经营"的教学中，笔者始终以"苏宁电器的发展"贯穿课堂的始终，设置了一个开放的、基于真实情境的话题让学生探讨：2012 年 8 月 14 日，京东商城创始人刘强东通过微博宣布，京东商城所有大家电将在未来三年内保持零毛利，"保证比苏宁等电器连锁店便宜至少 10%以上"。之后，苏宁迅速应战，表示如消费者发现苏宁易购价格高于京东，将即时调价。据此设问："请你收集相关的资讯，为苏宁电器的第二次转型提出合理的建议，并说明理由。"

五、核心要点回归——凸显教学主题，在实践和运用中强化理解和认识

经过了前面的将知识由简变繁的环节后，教学过程到了返璞归真的终了阶段，需再次强化并落实核心概念当中的主干知识。通过综合性、思辨性都较强的探究式的教学活动促使学生对自己的经验抽象化、理论化，并使其成为一种可交流的形式；推动对相关问题进行探讨，以促进概念的理解内化，同时也促进学习能力较强的学生能从更深层次去揭示知识的内部联系，提高分析问题和解决问题的能力。

在该课的终了阶段，学生围绕"谁是当今出色的企业家"这一话题进行回答并说明理由。在说理的过程中，绝大部分学生能再次回归到"公司"这一核心概念中去思考和辨别。

综上所述，以核心概念构建知识体系的课堂教学模式是笔者在教学实践中逐渐找寻到并不断思考和实践的一条路径，它能使我们的教学变得更加简约、清晰、深沉和厚重，更好地彰显出学科的价值。

第三节 “致用”：大概念教学范式的第二次迭代

素养为本的教学归根结底要注重培养学生在实际生活中发现和解决问题的能力，这一能力反映的是学生对必备知识整合、运用和迁移的能力。在活动型教学的课堂中，教学内容往往以教学活动的形式呈现。教学活动的类型有很多，常见的包括以获取、理解单一的事实性知识或陈述性知识为目的的习得性学习；以程序性知识关联、运用多个事实性知识或陈述性知识为目的的应用性学习；以体现知行合一、促进品格价值观知识内化的拓展性学习。这三类学习活动体现了学生认知的深入和完善。大单元教学设计的课堂应以大任务的应用性学习为抓手，大任务不应只是对某一具体概念、方法和条文的复述，而需回应单元主题，反映学科大概念的特征，统领其他任务；其他任务之间相互关联，共同解决学科大任务；每个任务设计的过程，教师都需反思该任务将促进哪些事实性知识、陈述性知识的运用，以及程序性知识将如何促进学科大概念的形成；在大任务和其他任务的有机统一体中进一步培养和提高学生分析和解决问题的能力，兼顾学科的任务综合性和逻辑性。

在“只有社会主义才能救中国”的教学单元，教材以“只有社会主义才能救中国”为主题，分别从“新民主主义革命的胜利”和“社会主义制度在中国的确立”两个方面展开论证。因为教材的呈现受陈述方式的限制，并不能在逻辑上更全面地论证主题，教师需要对主题做进一步的挖掘，关注大概念的本质和大单元内容之间的联系，才能更好挖掘大单元教学的效用。因此在前面对课标和教材的分析中，我们将本教学单元的大任务确定为“说明社会主义是历史和人民的选择”，在对大任务的拆解中，需要将社会主义和党的领导、历史发展的起因和结果、新民主主义革命和社会主义改造关联起来进行推导：“社会主义为什么会来到中国”——“社会主义是怎么救中国的”——“新民主主义革命为何能胜利”——“社会主义制度为何能确立”，并依据这一主线设计四项任务，并对每项任务如何体现应用性学习的要求作出分析。根据这一思路，我们可以作出了体现应用性学习特征的单元任务群的设计，具体如图 3－4 所示。

在以大任务为核心、知识运用为目的的应用性学习任务群设计中，通过

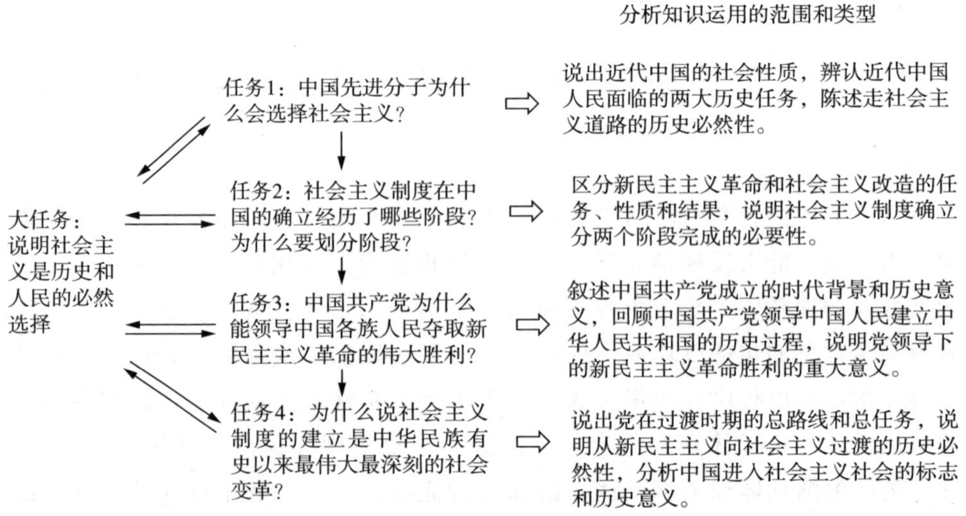

图 3-4　“社会主义是历史和人民的必然选择”单元任务群设计

对任务设计来分析知识运用，不同的行为动词如“说出”“辨认”等能让教师自主地思考不同知识的类型及不同类型知识的教学目标；让大任务成为各部分教学内容的纽带，通过其他任务的解决凸显各部分教学内容的内在联系，促进教师在系统中把握知识的呈现方式；在任务链条的设计中促进教师对学科知识的价值理解，关注事实性知识在具体情境和具体问题中的迁移和运用。

综上所述，从学科大概念视角提取和整合所教部分最关键、最核心的内容，据此提出教学要解决的主要问题（议题），并对这一问题的解决做适合不同学习阶段的拆分（包括习得性学习、应用性学习、拓展性学习），让应用性学习成为重要的学习驱动，并通过对核心问题的测评来检测学生对学科知识和大概念应用的学习效果。

第四节　“生本”：大概念教学范式的第三次迭代

教材是学生学科学习最重要的资源。对于一般的学生而言，他们都是按照顺序从前往后阅读，也会以教材的排篇布局来作为知识初步结构化的依据，且新教材的编写逻辑清晰、内容适当，如果教学设计都聚焦一定范围的教学内容（一个框题内容、一课内容或一个单元内容）中最核心的学科问题，这一问题也必然是学科大概念在某一主题下的具体呈现。以解决这个核心问题为抓手，通过系列的学习任务设计，一方面可以落实学生学习解决核心问题的必备知识，另一方面也能帮助学生建立解决核心问题的思维框架，既保证学生通过大概念视角对学习内容产生整体性理解，又保证其在明确主题、清晰主线的条件下对具体的微观知识形成更深入的认识。

在前期的探索中，大概念教学范式充分重视和发挥了教师的主导作用，学生“学到了没有”“认同到什么程度”“在真实情境中他会如何认识和分析”的学情大多数只能通过课堂的应用性学习活动及纸笔测试来检验。

复旦大学张学新教授针对当前高校课堂存在的主要问题，结合讲授式课堂与讨论式课堂的优点，提出了名为“对分课堂”的课堂教学改革新模式。其核心理念是分配一半课堂时间给教师讲授，另一半给学生讨论，并把讲授和讨论时间错开，让学生在课后有一周时间自主安排学习，进行个性化的内化吸收。对应的考核方法强调过程性评价，并关注不同的学习需求。试点教学表明，对分课堂有效增强了学生学习的主动性，教学效果较好。

很多思政课教师在上课前都会留出一点时间让学生进行“时事开讲”，如果在此基础上，借鉴对分课堂的理论，分配一部分课堂时间让学生“举一致用”，这或许可以促进大概念教学实现学生真学、真懂、真信、真用的认知闭环。

基于此，“举一致用”大概念课堂教学设计主张将四十分钟的课分成两部分，由“十分钟＋三十分钟”构成。前面十分钟，学生代表在对前一节课核心问题理解和认识的基础上，选取典型事例，加以评述。同学们可以通过学习支架来促进对前一节课核心问题的理解和深化，学习支架见表3－1所列。

表3－1 学习支架

学习主题：__________

项目	思考角度	你的回答
学习经验	结合自己的生活，这一学习主题使你产生了什么体会？	
	这一学习主题在以前的学习中涉及哪些内容？	
	通过本课程，你对这一学习主题有什么新的认识？	

（续表）

项目	思考角度	你的回答
学习过程	你的学习同伴给了你什么启发？	
	你可以从家人或朋友那里寻求什么帮助（展开什么调查）？	
	你参阅了哪些文献资料？	
学习困难	针对宣讲的内容组织，你存在什么困难？	
	针对宣讲的形式表达，你存在什么困难？	
学习成果	你的宣讲内容是否借鉴了教材内容？	
	你的宣讲内容是否体现了你的独立思考？	
	你是否使用了你最擅长的表达方式？	

这一学习支架在纵向上考虑了学习的过程，促进学习主体主动将新学的核心知识同前概念结合，并对迷思概念做进一步澄清，同时深化初概念的认识，最后形成能与长期记忆相关联的逻辑概念；在横向上，调动学生将新知识主动与生活经验、学习经验、朋辈经验、理论经验相结合，促进学习的真实发生和有效生成；在学习效果上，关注知识的科学性和创新性相统一，以及表达的真理性和个性相统一。

上课前，教师可以向学生提供反馈支架，反馈支架见表 3－2 所列。

表 3－2　反馈支架

项目	思考角度	评价（请用 1～10 表明你的听后感）
宣讲主题	宣讲的主题是否符合活动要求？	
	宣讲的主题是否鲜明？	
	宣讲主题的表现是否有层次？	
宣讲内容	宣讲的内容表达是否准确、清晰？	
	宣讲的内容是否引起了你的共鸣？	
	宣讲的内容是否给你带来新的启发？	
宣讲形式	你是否接受这种宣讲形式？	
	宣讲在形式上有无创新？	
宣讲效果	你是否认同宣讲的观点？	
	宣讲的内容对你看待问题是否提供新的角度？	
	你是否也愿意参加这类宣讲活动？	

案例 3-1

学生时评案例：集体经济的创新发展

鹊山村是平定县易地扶贫搬迁移民新区所在地，现有村民 1700 余户 3000 多人，耕地 60 余亩。近年来，鹊山村充分挖掘自身优势，按照“党建引领、整体规划、因区施策、五区共进”的基本思路，扎实走好壮大村级集体经济、实现共同富裕的乡村振兴道路。通过建设城乡融合集聚区，集散效应促增收；探索土地入股、与企业共建扶贫产业园模式，股份经营保增收；建设百亩汽车物流园区，租赁服务稳增收；建设休闲农业领养园区，生态产业带增收；建设休闲康养服务区，引资合作共增收，鹊山村村级集体经济收入不断增加，村民获得感、幸福感显著提高。

鹊山村的典型经验主要体现在以下四个方面：

第一，充分体现了农村集体经济组织作为集体资产所有权行使主体，在基层党组织领导下，按照“党建引领”的基本思路，引领集体成员实现共同发展的重要作用。

第二，通过深化农村土地制度改革，建设城乡融合集聚区，赋予农民更加充分的财产权益，促进实现共同富裕的目标。

第三，发展新型农村集体经济，探索土地入股，与企业共建扶贫产业园模式，巩固和完善农村基本经营制度。

第四，发展新型农业经营主体和农业社会化服务，发展农业适度规模经营，建设百亩汽车物流园区、休闲农业领养园区等，推动全村集体经济发展再上新台阶。

分析：学生围绕前一节课的“如何壮大和发展集体经济”这一重点问题进行了结合实际生活的有效探讨。教材重点突出了深化农村土地制度改革、集体产权制度改革、完善农村基本经营制度三方面的变革，而实现形式上是发展多种形式适度规模经营、发展新型农业经营主体、健全农业社会化服务体系、建立符合市场经济要求的集体经济运行机制，这部分的内容在教材中篇幅比较少，但对学生深度理解的要求高。学生选用了鹊山村发展集体经济的有效路径，从党建引领、制度改革、产业发展、现代农业四个方面提取了鹊山村发展的典型事例，事例有典型性、论述有层次性、结论有逻辑性、语言精练得当，反映该生对集体经济在新时代的发展路径有比较深的认识，对前一节课学习内容的习得效果是比较好的。但从发展学科学习的角度来看，该生在评述的个性化和创新性上略显不足。

总之，思政课程不同于一般的知识学习，因为其具有理论性、抽象性，以及内容表达聚焦社会发展的宏大命题，所以课程的实施更应该聚焦学生对核心问题的理解和解决，以问题驱动的方式让学生回到自己的学习经历、生活经验及对核心问题的实践调查上，然后去反思、去体悟，再把自己的思考和总结落实到有意义的身体力行上。

第五节　"两测"：大概念教学范式的第四次迭代

"举一致用"大概念教学重视对学生学习结果的测评，通过在上课开始和上课终了就需要解决的核心问题对学生进行两次课堂测评，测评的标准是对解释核心问题的学科大概念的掌握情况。前测的目的在于探知学生学习的困难，包括学生认知里存在的错误的认识、错误的概念、相似的概念、不完整的概念，以及对学科大概念建立的思维现状，用以帮助教师完善教学策略；后测的目的在于通过学科大概念来测评学生通过课堂学习所达到的水平和状态，为接下来的教学提供依据和参考。

大概念教学主要依据国家课程标准，以促进学生掌握某一学科大概念或学科大概念群为教学任务，整体、系统安排教学诸要素，确定合适的教学方案。大概念教学虽不是对某一物理意义的单元、框题进行设计，但新教材的编写突出了凝练核心素养和知识内容、框架结构主题化的特点，教师在以某一单元或某一框题进行教学设计时，教学内容有助于教师对学科大概念进行整体、本质的认识和反思。

SOLO 分类评价视域下大概念学习水平反映了学生习得大概念的学习进阶过程，这一方面要求教师重视对学生结构化学习进阶过程中现有水平和可达水平的探查和推进，关注学习进阶中的规律；另一方面要求教师在施教前对课程有一个系统的了解，促进其思考课程的核心问题，反思课程中深层次的、可迁移的观念。因此，SOLO 分类评价视域下的大概念教学目标在制定前需要回答以下三个问题：

（1）本章节在价值取向、哲学思维、具体学科思想方法方面要推进的大概念是什么?

(2) 价值取向的大概念可以作何解读?

(3) 学生在本章节习得大概念所呈现的水平与层级?

下面以高中思想政治必修1《中国特色社会主义》第三课第一框“伟大的改革开放”为例,撰写了SOLO分类评价视域下的大概念教学目标,具体见表3-3所列。

表3-3 SOLO分类评价视域下的大概念教学目标

1. 本章节需要推进的大概念: (1) 指向价值取向的大概念:改革开放是伟大的。 (2) 指向哲学思维的大概念:上层建筑一定要适应经济基础状况;解放思想、实事求是。 (3) 指向具体学科思想方法的大概念:中国共产党领导国家政权机关的运行机制。
2. 价值取向的大概念可以作何解读: (1) 改革开放所取得的成就可论证改革开放是伟大的。 (2) 改革开放体现了党的十一届三中全会重新确立马克思主义的思想路线、政治路线和组织路线的重要性,这一转变带来了中国面貌、中华民族面貌、中国人民面貌的改变。 (3) 改革开放展现了中国共产党在国家政权机关的运行机制中的重要地位,以及党的决议、主张对中国特色社会主义建设的重要性。 (4) 改革开放是党在困境前坚持解放思想、实事求是的生动体现,推进了中国特色社会主义的不断发展和完善。 (5) 改革开放彰显了坚持真理、坚守理想,践行初心、担当使命,不怕牺牲、英勇斗争,对党忠诚、不负人民的伟大建党精神。
3. 学生习得大概念呈现的水平层级: (1) 水平一:列举改革开放的某一成就或某些成就,说明我国实行改革开放的重大意义。 (2) 水平二:根据改革开放进程中的关键事件和相关成就,上升到某一具体学科思想方法或哲学思维方法,说明我国实行改革开放的重大意义。 (3) 水平三:根据改革开放进程中的关键事件和相关成就,上升到多个具体学科思想方法或哲学思维方法,说明我国实行改革开放的重大意义。 (4) 水平四:根据改革开放进程中的关键事件和相关成就,能用价值取向的大概念统领具体学科思想方法、哲学思维方法大概念,系统说明我国实行改革开放的重大意义。 (5) 水平五:展示对党坚持解放思想、实事求是的认同,以及对伟大建党精神的内化,并在学习日常上体现追求真理、服务人民的观念和行动。

SOLO 分类评价视域下的大概念教学目标的制定具有以下三方面的作用：

第一，它增进了教师对课标、教材的课程理解力。教学目标的制定既是国家管控教师教学规范性的重要抓手，又是教师个人课程理解力和学生具体学情的重要载体。解决制定教学目标前的三个问题能促进教师将教材中事实性的联系和本质性的联系对接，推进教师自身对概念和主题的深化和理解，从而通过增进教师的课程理解力推动课程具体的实施效果。

其次，它突出了价值取向的大概念在结构化知识过程中的地位。思想政治理论课作为落实立德树人根本任务的关键课程，要求学生在价值取向的大概念的学习过程中实现政治认同，这不能是对既定结论的简单重复，也不能是回答问题时的简单口号，反映了教师自身认识的广度和深度。它是基于真实事实、学科逻辑、科学思想的论证，是高中思想政治课通过展示学理性实现教育目标中政治性的重要途径。

最后，它实现了学生能力和素养进阶规律性和差异性的统一。五个学生习得大概念呈现的水平层级，展示了在 SOLO 分类评价理论指导下学生从低级向高级、从现象到本质、从单一到立体形成学科基本观念的过程，同时也明确了在某一学科观念习得过程不同类型学生水平差异的特点。

SOLO 分类评价理论是对学生"学了多少"和"学得多好"的评价，评价的不同层级反映的是学生对学科的思想方法和价值观念的不同水平，它不仅反映了对学科观念完整程度的要求，也反映了对学科观念形成过程中相关概念之间逻辑关系和结构的要求。现有的纸笔测试评价往往采取答案中的关键词踩点和踩意相结合的方法来赋分，侧重的是学生回答关键信息的多少，而对关键信息之间的逻辑关系没有考虑和关注，这在一定程度上助长了教学过程中师生对知识结构完整性和细微观点的关注，忽视对学科知识整体性认识和对学科大概念结构化的理解。下面以高中思想政治必修 1《中国特色社会主义》第三课第一框"伟大的改革开放"中的内容为载体，设计"你是如何看待'中国的改革是中国特色社会主义制度的自我完善和发展'的"这一问题，并尝试给出评价建议，具体评价建议见表 3－4 所列。

表 3－4　评价建议表

水平层级	具体要求	分值范围
单点或多点事实性信息阶段	列举我国改革某一成就或某些成就，说明改革对我国走中国特色社会主义道路的重要性。	0～3

（续表）

水平层级	具体要求	分值范围
单点本质性理解阶段	根据改革开放进程中的关键事件和相关成就，从改革的实质、改革与中国特色社会主义发展进程的关系、历史发展的视角看待坚持改革的重要性、改革与中国道路及中国制度辩证关系等某一角度说明改革与中国特色社会主义制度完善和发展的关系，表达坚定不移推进改革的价值取向。	4～6
多点本质性理解阶段	能从改革的实质、改革与中国特色社会主义发展进程的关系、历史发展的视角看待坚持改革的重要性、改革与中国道路及中国制度辩证关系等角度说明改革与中国特色社会主义制度完善和发展的关系，表达坚定不移推进改革的价值取向。	7～9
结构化学科观念阶段	能从改革的实质、改革与中国特色社会主义发展进程的关系、历史发展的视角看待坚持改革的重要性、改革与中国道路及中国制度辩证关系等角度系统地说明改革与中国特色社会主义制度完善和发展的关系，表达坚定不移推进改革的价值取向。	10～12
可拓展的学科观念阶段	在复杂劣构的新情境中，能从改革的实质、改革与中国特色社会主义发展进程的关系、历史发展的视角看待坚持改革的重要性、改革与中国道路及中国制度辩证关系等角度系统地表达坚定不移推进改革的价值取向，创造性地提出改革与中国特色社会主义制度完善和发展关系的洞见。	12～15

SOLO分类评价视域下的大概念教学引导思想政治学科教、学、评更多地聚焦到对学科核心概念和思想方法的学习上来，促进教学更多地关注学科学习中结构化的思维框架，推动教师在树立课程意识、研究教材教法上更多地发挥主观能动性，敢于发现和揭示学科学习的规律，指导学生通过大概念教、学、评的方法和维度辨认有意义的认知模型，从而促使他们在学生期间和以后的工作生活中做出明智的决策，至此，通过学科学习发展学生终身受益的核心素养的使命得以实现。

第六节　聚焦思政大课堂"怎么做"的意外收获

2016 年，《中国学生发展核心素养》正式发布；2018 年，《普通高中思想政治课程标准（2017 年版）》印发。根据这些文件，国家要"培养什么人"成为实施课程改革统领性的价值导向，其中培养学生"认可和接受当代中国的道路选择、理论发展和制度安排"，即培养政治认同素养是思想政治课程标准对教学最重要的要求。在现实的学科教学中，教师日益注重课堂教学的时政性和生活化取向，但是素材和学生的真实参与之间是存在一定距离的，这些生活素材还不足以为学生顺利进行"意义建构"搭建坚实的阶梯，但也有教师深度挖掘政治课堂，通过完善教学策略来培养学生核心素养。深度挖掘课堂固然是政治学科素养培养的有益探索，但课堂之外的实践也是不可忽视的广阔空间。为了促进学生素养在学习过程中真正按"知、情、意、行"由表层向深层不断深入，发挥"做中学"提升学习效能的作用，我们以思想政治学科 STEM 课程的开发和研究为突破口，做出了一些探索。

广州市育才中学的冼丽琼老师在执教高中思想政治必修 2《政治生活》中关于公民权利、义务、基层治理方面的内容时，意识到这些内容如果仅仅通过推理和讲授的方式习得，知识获得的过程不能引起学生更多的共鸣。如果能在切实的社会环境、社区服务的交互中得到深刻感受和体验公民公共参与理论，这对于学生体会、运用学科知识，提高政治认同、理性精神、法治意识和公共参与的素养会有重大意义。

冼老师将目光投向了学校附近的梅花村社区，在和社区负责人沟通后了解到：社区家综中心媛心阁公益商店是梅花村街家庭综合服务中心新开展的一个课程，其是以实体公益商店形式运行的就业实践培训平台，聘请社区内的残障人士、失业妇女及低保低收入家庭参与公益商店运营，以优惠的价格出售生活用品和办公用品等，以此来推动社区失业人群再就业。

冼老师聚焦民主决策、民主管理、民主监督的途径和方式，以及公民应掌握参与公共生活的技巧等教学内容，通过对社区内的残障人士、失业妇女及低保低收入家庭群体的调查走访，了解他们的实际困难和切实需求，为他们更好地建立公益商店经营管理制度和开展大型义卖活动提供智力支持和实际帮助。于是，冼老师在对 STEM 课程理念理解的基础上，以“课程目标—明确任务—设计活动—完成任务—回归目标”为主线，设计了五大系列活动。

（1）课程目标：通过公益商店课程理解基层民主的本质和意义、途径和方式、效果和价值。

（2）明确任务：通过与社区的沟通了解任务和需求，课程以任务为驱动，通过问题的解决实现课程目标。社区希望通过这个课程达到三个效果，即课程在社区范围的宣传、公益商店管理制度的建立、做一次义卖活动。

（3）设计活动：根据社区的需求，以及学生现有的知识储备与能力基础，设置了五大系列活动来推进课程的实施。五大系列活动具体安排见表 3－5 所列。

表 3－5　五大系列活动具体安排

课程	活动内容	教育资源
课程宣传	媛心阁公益商店课程宣传	媛心阁社工
调查活动	梅花村街道残障人士就业现状调研； 公益商店员工需求调查	媛心阁社工
创新活动	公益商店经营管理制度建立	媛心阁社工
公益活动	媛心阁开放日宣传义卖活动	媛心阁社工

（4）完成任务：实施过程中，冼老师聚焦民主决策、民主管理、民主监督等核心的学科知识。其中，民主决策知识运用体现在与社工一起负责对社区内残障人士就业基本情况进行调研和对公益商店的资金使用、经营方向等重大决策进行集体决策；民主管理知识运用体现在制定公益商店经营管理制度、参与对工作人员的日常管理、参与管理媛心阁的运营；民主监督的知识运用体现在参与制度实施监督、日常监督、财务监督。在活动的过程中，冼老师充分理解、运用、补充相关知识，促进了学习的知行合一。

（5）回归目标：活动中的情景模拟、问卷设计、采访技巧是学生在解决面临的问题时需要发展的能力，这使得他们的学习主动而又充满创造力；学生在探访中，能了解弱势群体的疾苦、生活状态，体会他们的处境，加深了对社会不同群体的了解，激发了他们推动社会发展的使命感；学生在会议讨论中进行头脑风暴、互相质疑，围绕问题提出逻辑清晰、有理有据的观点，这个过程就是遵循规则、依照程序、依法行使权利履行义务的法治意识的培养过程，这种建设性思考就是理性精神的体现，最终落实到行动中就是一种公共参与；学生主要通过观察、周末访谈公益商店员工，了解各项运营制度的执行情况和效果，并对资金账目公开核查，最后形成监督报告，以优化商店的经营和管理，这培养了学生的批判性思维和创新能力。

综上所述，思政教育的功能是要唤醒学生的"大我"意识，而唯有通过亲历的方式才能更好地促进这种意识的形成和行动的落实。但设置"亲历"的教育活动耗时耗力，不可能针对所有促进学科认知发展的价值点来实施，只有凸显主干知识和核心问题的内容才有必要通过实践课程来推进。

第七节　思政大课堂项目式学习课程开发

在看到"做中学"学习方式对于思政课教学的重要价值和意义后，笔者成功申报了广州市教育研究院广州市中小学中等职业学校深入推进 STEM 课程实施研究课题"思想政治学科 STEM 课程实施模式与实施特色研究"项目（GZJY2017－008）。课题组成员从现有的高中必修教材入手，把解决思想政治学科中大概念的深度理解作为课程实施的主题，借鉴思想政治课程标准的部分目标整合课程目标，以 STEM 课程理念和操作为指导，利用多方资源打造研学平台，采用跨学科项目式学习方式，设计为学生发现问题、设计方案、合作探究、解决问题、评价反思提供支持和帮助的实践课程。STEM 理念下的思想政治学科大概念项目式学习研究以学科大概念引领教学设计，促进教师的教学重点由关注对学生知识点的掌握，转向对学生主干知识建构理解能力的培养；由关注碎片化的知识状态，转向清晰的学科大概念。该学习方式所具有的注重学生体验、强调知识运用、开放综合教育情境等教育价值弥补了当前思想政治课程在课堂教学中结论多、过程少的缺陷，解决了情感价值方面的教学目标仅通过推理来实现的困境和尴尬，成为思想政治课堂教学的有益补充，推动了思想政治学科更好地实现德育课程的功能。

一、思政大课堂项目式学习课程开发典型案例

在课题组成员的共同努力下，我们开发出四门 STEM 理念指导下的思想

政治学科大概念项目式学习课程，分别是“协助运行‘媛心阁’公益商店”“我与人大代表有个‘约会’”“我与校长有个‘约会’”“学生公司”。

（一）协助运行“媛心阁”公益商店

本课程由广州市育才中学冼丽琼老师设计。课程以实现《普通高中思想政治课程标准（2017年版）》中的大概念“人民当家作主是社会主义民主政治的本质特征”的深度理解为课程目标，通过设立为社区家综中心“媛心阁”公益商店（商店的工作人员里有大量的残障人士）制定商店财务管理制度、商店突发事件应急管理制度及员工守则这一项目式学习任务，让学生主要运用高中思想政治必修2《政治生活》中关于公民公共参与的理论。在项目式学习过程中，通过开展梅花村残障人士就业现状的调查访问，让学生了解和解决社会的现实问题，认识社会不同人群的困境和现状，探究人民直接行使民主权利的内容和方式，感受我国的制度优势，体会人民当家作主的实现方式，从而提高学生政治认同、法治意识和公共参与的素养，培养有信仰、有思想、有尊严、有担当的中国公民。

（二）我与人大代表有个“约会”

本课程由广州市培正中学邝丽红、许爱日老师设计。课程以实现《普通高中思想政治课程标准（2017年版）》中的大概念“我国的根本政治制度”的深度理解为课程目标，将学习撰写人大代表议案作为项目式学习任务。在实施过程中，联系四位省、市不同职业背景的人大代表为课程提供相关支持，通过设置“约会前”（搜集学生想了解的人大制度相关的问题）、“约会中”（学生与人大代表们面对面交流，包括人大代表有主题的讲座和讲座后的提问互动）、“约会后”（举行模拟人大活动，让学生针对教育领域的问题，深入调研，形成微议案或建议，在校内进行决赛，评选最佳议案或建议奖、最佳展示奖、最佳风采奖）三个环节，让学生在自主参与学习活动和调查研究中，亲身体验和理解国家的根本政治制度和民主政治的发展，唤起他们的社会责任感，实现学科知识的学以致用。

（三）我与校长有个“约会”

本课程由广州市第三中学陈雪君、林铃芬、古穗敏老师设计。课程以实现《普通高中思想政治课程标准（2017年版）》中的大概念“民主管理”的深度理解为课程目标，将撰写促进学校跨越式发展的建议作为项目式学习任务，让学生围绕教学改善、管理制度、硬件设施和学校品牌四大主题，综合运用经济学、政治学、社会学、哲学等相关知识，为学校跨越发展提出建议。筛选优秀的作品在学校范围展示，获得决赛资格的学生可与校长面对面对话，且校长必须针对学生的建议当场予以回应，其他学生作为观众观看整场对话。通过学生参与项目式学习，提升其发现问题的敏锐度、解决问题的行动力，鼓励其通过正当程序表达爱并以自身之爱促进母校发展，在与母校的良性互动中习得与国家、社会正确良性互动的方式，成为一个真正合格的社会人。

（四）学生公司

本课程由广州市育才中学冼丽琼、王铮，以及广州市培正中学王燕珊、邝丽红、许爱日老师设计。课程以实现《普通高中思想政治课程标准（2017年版）》中的大概念“学习习近平新时代中国特色社会主义经济思想，理解社会主义基本经济制度和社会主义市场经济的基本特征”的深度理解为课程目标，将创办公司、研发产品、开展销售、运营公司作为项目式学习任务，让学生在企业志愿者和学科老师的辅导下，从自身的经验出发，根据真实生活情境进行市场调查。学生主要依托所学的经济学方面的知识，并补充财务登记、发售股票、展开评估、清算公司等企业运营的必备知识，在真实的商业运营中增强对社会主义市场经济制度和运行方式的理解，提升利用学科知识解决生产生活问题的体验。该课程不仅促进学生对社会主义市场经济体系结构和它所带来的益处的深度思考，还让他们在体验创业的过程中感受和学习了妥协与坚持、互助与合作、理解和包容、责任与担当。

二、思政大课堂项目式学习课程的特征

思政大课堂项目式学习课程的特征主要体现在以下几个方面：

（一）与活动型课程相比，突出了“实践参与”的学习方式及“解决问题”的学习目的

活动型课程是这一轮思想政治课程标准修改最具有创新意义的地方，它变革了以往思想政治课程的呈现方式，强调了“课程内容活动化”和“活动设计内容化”的相融相通，并在形式上包括了实践活动和认识活动，但按照课程类型的划分，活动型课程仍属于学科课程。因此，在课程的实施过程中，其还是难免倾向于学科知识的教育价值，传授的过程仍然会偏重学科逻辑和学科结构。在实际的教学中，往往因为主观或客观的原因，其对实践活动的设置仍长期不到位，使得学生运用“直接经验”获得对已有知识的解构和重构的机会大大降低，对知识获得过程中的真实情感和态度也有所保留。

思政大课堂项目式学习课程是依据学科的大概念选择相关的真实情境、真实问题，让学生在实践参与中（如问卷调查、对话访谈、手工制作、营销策划等实践活动形式），在更广泛的对话中，在更丰富的资源搜集和素材学习中，把抽象的学科知识、学科理论自主地用在解决具体问题上的活动课程。通过“做中学”，激发了学生学习的自主性，缓解培养目标和课程实施间的困难。

（二）与综合实践活动课相比，主要服务于思想政治学科的课程目标和评价要求

综合实践活动课是强调以问题为主题，对相关课程进行整合的课程，突出学科的综合性。思政大课堂项目式学习课程是在思想政治课程标准指导下开设的学科活动课程，它要求教师依托相关资源，围绕某学科大概念，整合思想政治学科教材部分内容，通过真实的情境、具体的问题、主动的参与，化解宏观、抽象、理论的思想政治课程内容给学生学习过程带来的困难，激发学生学习的自主选择、深度参与，促进学生在解决问题中完成知识、能力和情感的融会贯通、深层理解，弥合“知”与“行”之间的差距，使认知素养和非认知素养得到协同发展。它和思想政治学科国家课程一起，共同服务于思想政治课程标准的培养目标和要求。一方面，思想政治学科课程的知识结构和核心概念为思政大课堂项目式学习课程提供了支撑和导向，另一方面，思政大课堂项目式学习课程是对思想政治学科实施效果的一种检验和深化。

（三）与一般理解的 STEM 课程相比，拓展了对知识整合方法的实践和运用，延伸了对学习成果的认识和认定

由于 STEM 课程在产生时就对四门独立的学科进行了整合，所以在推广时更强调和看重跨学科整合的意义和价值，这对以往只从事单科教学的教师提出了挑战，也对目前学校的课程设置的结构性调整形成了新要求。

思政大课堂项目式学习课程首先聚焦某个学科大概念，以此为核心整合相关学科知识，挖掘相应的学科情境和学科问题，利用周边资源，让学生在实践体验中同需要强化的学科知识发生连接，让学科知识在重复、怀疑、批判的过程中再度被理解和认识。当然在以学习者发展为中心的问题解决过程中，项目式学习课程必然会对学生个体原有的知识结构、心理基础、合作能力提出挑战和考验，使其主动扩展、延伸和反思已有的认知和心理、协作和交往，自然实现跨学科整合的意义。

另外，STEM 教育要求学习者在学习结束后，必须形成物化的、外显的作品，而思政大课堂项目式学习课程根据学科特点，对这一要求做了延伸，即作品的呈现方式既可以是实物，比如在"学生公司"课程中，学生研制开发的书架、手动洗衣桶等一类的产品；也可以是调查研究后以纸质形式呈现的作品，如论文、提案、调查报告等。

三、思政大课堂项目式学习课程的意义

思政大课堂项目式学习课程的探索不仅仅是项目式学习在学科教学中的实践，更是突出"做中学"的教育理念，以学科课程为载体，以现有的教师队伍为主体，通过课程的创设促进教师思维的更新、学生学习过程的再构及学校课程体系的变革。

（一）思政大课堂项目式学习课程促使教师思维的更新

首先，思政大课堂项目式学习课程的开设最先撬动的是教师的课程意识。老师们从最初的"让我上一门课"转变到"我为什么要开设一门课"，关注视角由原来用试题测量学生会不会、用分数测量自己教得好不好，转移为传授什么样的知识和内容最有价值、传授的方式如何、如何在即将开设的课程中培养学生终身学习的成长型思维。其次，该课程会促使教师主动加强对学科教材大概念的提取和研读。思政大课堂项目式学习课程是一个基于课程大概念的主题实践活动，实施过程围绕学科大概念不同视角、不同侧面展开，会出现不同角度的延伸拓展、不同结果的呈现可能，通过对大概念的研究可以达成对学科本质特征的理解。这不同于课堂教学中基于某个教学问题的探究和辨析，确定的主题、充足的时间、观点的碰撞、充分的交流为学习过程的自省自觉提供了更多的可能。最后，思政大课堂项目式学习课程对大概念的主题研究为更多学科知识的综合运用提供了契机，跨学科的解读也为教师的教学思维发展提供了更多的机会，为教师在日后的教学研究和教学评价注入更多的思考。

（二）思政大课堂项目式学习课程推动学生学习过程的重构

一方面，该课程推动学生学习过程的闭合。子曰："学而时习之，不亦说乎?"这里强调学习过程中"直接经验"和"间接经验"的并重，并突出"间接经验"通过实践过程的再检验对于学习者的重要性。目前学校的课程设置迫于应试教育的压力将学科常规性的教学置于核心位置，高质量的教学实践往往被置于次要位置，这种不平衡的课程设置让教学活动更关注"学"、学的

结果及现成的结论。而思政大课堂项目式学习课程将目前的思想政治学科课程与该课程学习后的实践联系起来，把学习知识的系统性、完整性同生活实践的开放性、创造性结合起来，把单一视角下大概念的建构与多元视角下对大概念的解构和重构结合起来，把单纯知识形成的抽象性与现实生活相关任务的真实性结合起来，有效地激发学生学习的主动性和内驱力，让学生更深入地研究和思考所学知识。另一方面，该课程帮助学生从对大量的零散概念的困惑中抽离出来，聚焦到学科的“大概念”的研究和理解中。思政大课堂项目式学习课程提取学科教学内容中的大概念来构建课程主题，直接指向主干知识的应用场景，支持理解性学习和知识的迁移，而不仅仅局限于对事实性知识的记忆和机械的理解。

（三）思政大课堂项目式学习课程助力学校课程体系的变革

2001年6月，教育部颁布了《基础教育课程改革纲要（试行）》，在课程结构一栏下增设了一门全新的独立课程：综合实践活动课程。这门课肩负着转变教育教学方式，增强课程选择性，激发学生学习主动性，增强学习实践能力，实现教育“知情意行”有机统一的重要使命。从2001年新课改启动到2005年全面铺开，综合实践活动课程这一路走来，跌跌撞撞，质疑不断。广州大学对广州初中综合实践活动课程实施现状做了系列调查，发现存在综合实践活动课程挪为他用、课程开设不规范、课时缩水、教学人员得不到充分保障等问题。也就是说，增设的这门综合实践活动课程是在其他学科课程以外的“另起炉灶”，如果没有相关的评价手段配合，很容易流于形式。

思政大课堂项目式学习课程是以学科课程为主，其他课程为辅的综合性、实践性的项目学习课程，其以对学科大概念的深度理解为突破口，把学科老师作为实施主体，让学习结果能更好地服务学科课程目标，在一定程度上更有利于激发老师们的主动性和效能感。当更多的学科加入项目式学习课程的研究和探索中，将会产生更多的学科项目式学习课程，再通过各种学科项目式学习课程的交流借鉴、迭代升级，还会涌现更多基于学科融合的项目式学习 STEM 课程。至此课程改革对综合实践活动课程赋予的使命才能真正有所实现。思政大课堂项目式学习课程开发聚焦学科大概念，撬动教师的课程意识，促进教师提炼、挖掘、研究集中反映学科本质的知识，同时为提升学生对主干知识的建构能力提供了可能。

思政大课堂项目式学习课程的任务设计在指向知识的综合和运用，增强学习体验，落实立德树人根本任务的同时，也在强化教育理念，即它是关于学生主动参与实践的学习，是"做中学"的学习，是在解决问题中整合知识的学习，是在团结与协作中认识自我和社会的学习，是以学习成果为导向的学习。基于项目式学习的课程设计理念是学生从个体生活、社会生活及与大自然的接触中获得丰富的实践经验，形成并逐步提升对自然、社会和自我内在联系的整体认识，具有价值体认、责任担当、问题解决等方面的意识和能力。该课程的设计理念具体是指教师围绕真实的问题或者挑战设计一系列的体验和探究活动，学生需要综合运用多种学科知识与技能来解决问题，并将最终的学习成果予以表达、交流与展示，而这一学习过程始终伴随反思、评价、修正和多方支持。

思想政治学科利用本身带有的综合性文科的特点，整合课程目标，以解决思想政治学科中大概念的深度理解为主要任务，通过项目式学习的方式打造研学平台，促进学生在解决问题中增强对知识运用、整合和创造的能力，在个人、社会和国家关系的认识中，实现知识、能力、情感态度价值观的统一，更好地发挥思想政治学科育人的重要功能。

在学校思想政治理论课教师座谈会上，习近平总书记强调："推动思想政治理论课改革创新，要不断增强思政课的思想性、理论性和亲和力、针对性"。这要求思政课教学还需在思想启迪、理论武装和实践指导等环节下功夫、做细活。一方面，改变照本宣科的传统模式，探索案例教学等新方式，以理论的视野解读时代的需求、把握发展的脉搏。另一方面，理论学习只有与实践相结合，才能更好地夯实思政教学的深度。把思政小课堂同社会大课堂结合起来，把读万卷书与行万里路结合起来，让学生在奋斗一线感悟人生启迪、在红色基地汲取精神力量，推动"大思政"育人格局，形成社会共育人才的机制。

四、思政大课堂项目式学习课程的实施模式

思政大课堂项目式学习课程的实施模式包括三个部分，即课程立意、课程规划、课程开展，具体内容如图 3-5 所示。

首先，从课程立意方面来看，课程开发者需要考虑三个维度的问题：一是为什么教；二是教什么；三是怎么教。首先是为什么教。作为学科教师，最先要面对的就是利用教学内容实现课程目标，但在实际教学中，单纯的讲授和课堂对话不足以满足学生对新理念、新思想、新战略更深入、更有效理

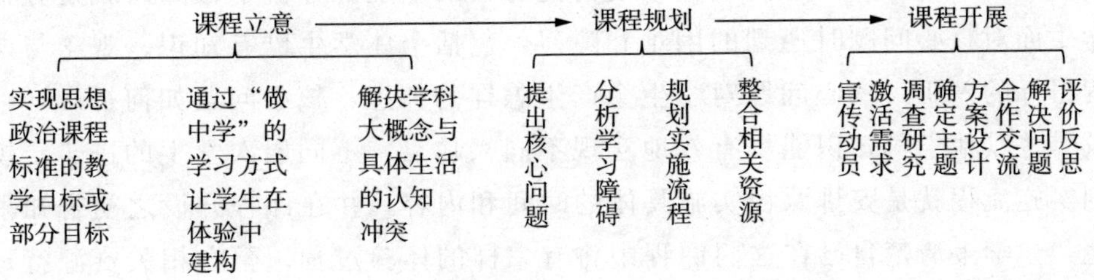

图 3-5　思政大课堂项目式学习课程的实施模式

解的需求。因而另辟渠道弥补课堂教学的不足，实现思想政治课程的部分目标成为切实可行的一个思路。其次是教什么。目前的教材设计思路并不突出重要概念和主干知识，这使得部分老师和学生容易在一些细枝末节的概念和表面的事实性知识上花费大量时间，从而影响他们对真正学科思维的培养和探究。事实上，围绕学科大概念来组织学科活动，才能近距离地感知学科思维的特点和规律，从而触动学生对学科的深刻情感，激发对未来学习和工作的内驱力。最后是怎么教。建构主义者认为不管如何教一个人，所有的知识都是基于已有的知识而建构起来的。所以教学过程要充分尊重被教育者的兴趣、起点和个性化的困难。项目式学习课程的学习者在具体的学习任务面前，充分暴露自己的已有知识和观念，而同伴间的交流和互助促进学习者的自我认识和反思，且教师的指导源于学习者的强烈需求，可见知识的传授在这里变成积极有意义的主动建构。

广州市第三中学的思想政治学科教师认为，公民意识教育是现代社会发展、民主政治进步、人全面发展的内在要求，也是课程标准中培养法治意识的前提和基础。但《政治生活》模块教学中的政治生活参与方式却离学生的生活相去甚远。于是他们以学生日常的生活资源为依托，搭建校长和学生的对话平台，以校园的民主管理、民主决策为课程主题，策划了“我与校长有个‘约会’”思政大课堂项目式学习课程，以为本校创建一流示范高中出谋划策为话题，综合运用经济、政治、文学、绘画、心理测量、调查访问等多门学科知识，提升学生解决问题、交流合作、创新的能力，尤其是培养学生的公共参与意识与能力。

其次，在课程规划上，教师要部署四个方面的工作：提出核心问题、分析学习障碍、规划实施流程、整合相关资源。提出核心问题就是找到该课程围绕的主要问题，包括主要问题中关联的学科大概念是什么，大概念之间的联系又是什么，以及它们以什么结构化的方式呈现。分析学习障碍就是分析学生面对核心问题时遇到的困难和障碍，包括个体学生已有知识、观念与课程目标的差距，核心问题对学生会产生怎样的情感，核心问题如何拆解，以及哪些其他学科知识能更有效地实现不同兴趣点、不同层次学生的进步。规划实施流程就是安排课程实施具体的时间和内容，并在课程开设之初告知学生，让学生清楚自己在这门课程中将有怎样的体验过程。整合相关资源就是基于课程的需要，尽可能地挖掘人、财、物方面的资源。课程的开放性使得课程不是依靠一支粉笔、一本教科书就能开展的，应围绕核心问题，更多地挖掘社会资源、社区资源、学校资源和家长资源。

广州市培正中学开设了“我与人大代表有个‘约会’”思政大课堂项目式学习课程。在课程规划的过程中，老师们做了如下的思考：在提出核心问题的环节，老师认为让学生感受到我国制度自信、道路自信是最重要、最直接的课程目标，人民代表大会制度是我国的根本政治制度，但对于未来这一制度的实践者和发展者的学生而言，教材中短短的篇幅显然不足以实现课程的目标，不妨以“人大代表要如何提出议案”为核心问题，统领课程。这个核心问题涉及人大代表的权利和义务，国体与政体的关系，人民代表大会制度与多党合作和政治协商制度的关系，人民、党、法治之间的关系，以及选举民主与协商民主的关系，在这一步步对大概念的剖析中，深化了学生对公民的公共参与的边界认识、公权和私权的关系认识、权利和义务的法治意识，以及上层建筑要适应经济基础的规律认识，从而促进学生对本学科思维特点的理解。在分析学生学习障碍的环节，老师就“你想问人大代表什么问题”做了充分的调查，并提炼了学生问题，如“您是怎样当上人大代表的，需要具备什么样的条件或资格?”“人大代表有工资收入吗，您当初为什么想当人大代表?”“您觉得作为人大代表为广州人民做过最有意义的事情是什么?”等，这些问题充分地体现了学生学习的认知基础和情感基础。根据调查的情况，老师决定将该课程分三个环节进行，分别是“人大代表面对面”（听人大代表讲履职故事，和人大代表充分交流）、“模拟人大展风采”（自由结伴成组，对感兴趣的社会问题提出议案并接受审议）、“民主政治我践行”（对本次课程进行总结和反思），保证学生和核心问题的碰撞更有效果。在整合相关资源上，学科老师争取校长（市人大代表）的支持，邀请了四位人大代表，并对人大代表的工作单位做了选择，涵盖机关事业单位、国企、民企，借助人大代表的参与，让学生更好地了解人大代表的工作及提案的写作方法。

在课程开展方面，思政大课堂项目式学习课程主要包括四个环节：宣传动员、激活需求；调查研究、确定主题；方案设计、合作交流；解决问题、评价反思。思政大课堂项目式学习课程增强了师生互动，对一对一个别辅导的要求也在增加，而且课程要充分尊重学生自主选择的意愿，思想政治学科STEM课程是一个面向小众开设的课程，学校课程设置中没有专门的时间用于开设该课程，参与的学生必须牺牲课余时间，这需要更强的学习该科目的内驱力。在核心问题的统领下，学生可以自主选择自己感兴趣的主题进行合作研究，并在确定的时间节点跨小组展示、论证，接受各方质疑，而在不确定的时间可以通过线上或线下的方式讨论交流。最后以小组为单位呈现可视化的成果作为学习的结果，形式可以是产品、论文、提案、漫画、音乐作品等。

广州市育才中学开设了“学生公司”思政大课堂项目式学习课程，以“如何创办公司”为核心问题，由学生自己创办一家公司，通过体验组建、运营和清算公司的全过程，帮助学生体验公司经营的过程，了解经营者必备的能力要求，感受社会创业环境的机制和氛围，以及认识国家对民营企业成长发展的政策和制度，并在这过程中不断认识自我、突破自我、更新自我。该课程活动流程如图 3－6 所示。

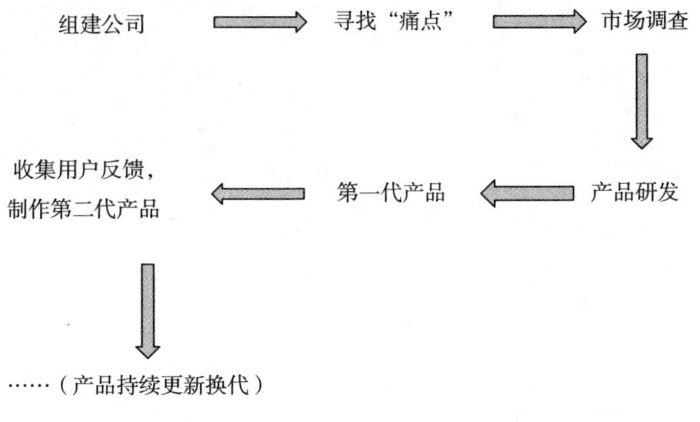

图 3－6 “学生公司”思政大课堂项目式学习活动流程

课程结束后，有学生在最后的总结反思中写道：“参与‘学生公司’课程，让我系统地了解了从公司成立到公司运行的过程，满足了我对于公司运作的好奇，切实地感受了经营公司的要求，以及企业成长的社会环境和制度环境。课程还锻炼了我的团队协作能力，让我学会了坚持，提高了我的演讲能力和统筹能力。也许有人会认为参加这种活动要花费很多时间和精力，会对学习有影响，而且确实也曾有人因此而退出。对于这点，我并不否认，那我为什么仍然坚持参加这个课程呢？一是因为公司已经成立起来了，把它运作好是我们的责任，怎么能说走就走呢？二是我认为在这个课程里，我能学到很多在普通课堂里学不到的知识。另外，‘学生公司’课程为我们提供了一个锻炼各方面能力的平台，这在日常学习生活中是很难实现的。我非常庆幸能加入这次‘学生公司’的课程，非常感谢这个平台，能让我不断进步、不断提高。”

第四章　“举一致用”思政课大概念教学的成果阐释

“举一致用”大概念教学借鉴“务本求是”“经世致用”治学思想和现代学习科学理论，既是一种教学观念，也是一种教学方法。“举一”关注“教什么”和“学什么”，强调依据学科大概念提炼教学内容的核心问题，“致用”关注“怎么教”和“怎么学”，强调教学过程重点设计以解决核心问题为目的的程序性知识生成或升级的教学活动，大概念贯穿“教的目标、学的活动和评的标准”三方面，通过针对核心问题的教学前、后测检测学生对学科知识和大概念应用的学习效果，形成了“一个理念、两个支架、两种范式、3＋N种大概念提取路径”的教学成果，体现了传统教育思想和现代学习理论相结合的区域思政课的教育追求。

第一节　“举一致用”思政课大概念教学的核心思想

“举一致用”思政课大概念教学是运用思政学科大概念统筹、调控、指导教学内容的整合、取舍、运用和迁移，通过深化核心概念的认识和强化核心概念的运用促进学生对学科大概念深度学习和创新发展的教学方式。

一、“举一致用”思政课大概念教学：基于务本理念的教育教学探索

习近平总书记指出，思政课的本质是讲道理。如何把思政课程中的道理

讲深、讲透、讲活，关键在于思政课教师把教材看深、看透、看活。这也说明思政课堂能否聚焦学科本质、教师专业发展本质和育人本质，直接关系着教育的质量。“举一致用”思政课大概念教学理念就是坚持务本求是，促进师生对学科本质、国家发展和育人规律的理解。

二、务本教育的内涵：坚持国家本位、把握学科本质、尊重学生本性

“务本”出自《论语》中的“君子务本，本立而道生”，意思是君子应该专心致力于根本的事务，根本建立了，做人做事的原则也就有了。“举一致用”思政课大概念教学借鉴了这一思想，并拓展了三方面的内涵，即“坚持国家本位、把握学科本质、尊重学生本性”。

“坚持国家本位”是指任何一门学科都应该坚守立德树人的使命和要求，挖掘学科知识和教育素材里能帮助学生理解国家战略和国家政策的内容，促进政治认同和家国情怀的生成。教育是国家发展的基础和关键，对于国家的繁荣和强盛至关重要，只有通过优质的教育才能培养出有能力、有素质的人才，进而推动国家的发展。思想政治课教学坚持国家本位，是因为思想政治教育是培养社会主义事业合格建设者和可靠接班人的重要途径，关乎党的事业后继有人，关乎国家前途命运。坚持国家本位的思想政治课教学可以培养学生的民族自豪感和国家认同感，增强对国家的归属感和责任感，培养爱国主义情怀；坚持国家本位的思想政治课教学有助于传承和弘扬社会主义核心价值观，引导学生树立正确的世界观、人生观和价值观，形成积极向上的人格品质；坚持国家本位的思想政治课教学可以加强学生对社会规范和道德准则的认同，培养遵纪守法的意识，增强社会责任感，有助于维护社会稳定；坚持国家本位的思想政治课教学有助于培养学生的公民意识，使其明确自己的权利和义务，学会理性参与社会公共事务，成为有用的社会公民；坚持国家本位的思想政治课教学可以塑造积极的国家形象，增强国家的国际竞争力。总之，思想政治课教学坚持国家本位，是为了培养具有正确政治方向、良好道德品质和社会责任感的公民，为实现中华民族伟大复兴的中国梦提供人才保障和精神支持。

“把握学科本质”是指教师应在教学中用明确的学科思想方法和思维特点来展示学科魅力、挖掘学科价值、提升学习兴趣。思想政治课教学坚持

学科本质，是因为思想政治教育是一门具有鲜明政治属性的学科，其基本任务是培养社会主义事业合格建设者和可靠接班人。思想政治课是一门具有明确政治目标的学科，坚持学科本质有助于确保学科的政治方向，引导学生树立正确的政治立场和价值观；坚持学科本质有助于体现学科的独特价值，使学生更好地理解和领悟思想政治教育的意义和作用；思想政治课教学注重培养学生的思维能力，包括辩证思维、批判性思维等，坚持学科本质有助于引导学生运用科学的思维方式去认识世界、分析和解决问题；坚持学科本质有助于提高教育教学质量，使思想政治课教学更加科学、系统和有效；思想政治课教学需要关注社会热点问题和学生的实际需求。坚持学科本质有助于更好地回应社会关切，增强课程的现实性和针对性。总之，思想政治课教学坚持学科本质，是为了充分发挥思想政治教育在培养人才和塑造人格方面的重要作用，为国家的发展和社会的进步提供有力的人才支持和精神保障。

“尊重学生本性”是指教育过程应充分尊重学生的认知基础、学习特点和思维方式，让教育教学目标的实现符合学生成长规律和主观意愿。尊重学生本性是思想政治课教学中的一个重要原则，因为每个学生都有其独特的性格、兴趣和潜能，尊重学生本性有助于激发学生的积极性和主动性，使其在学习过程中能够充分发挥自己的优势和特长，促进个性化发展；尊重学生本性有助于建立良好的师生关系，当教师尊重学生的个性差异，给予学生足够的理解和信任时，学生更容易产生安全感和归属感，更愿意与教师进行沟通和交流，从而建立起良好的师生关系；尊重学生本性有助于提高教学效果，尊重学生的个性差异和学习需求，可以有针对性地制定教学计划和教学方法，使教学更加贴近学生的实际情况，提高教学的针对性和有效性；尊重学生本性有助于培养学生的自主学习能力，当学生感到被尊重时，他们会更加主动地参与学习，愿意去探索和发现新知识，形成自主学习的习惯和能力；尊重学生本性有助于促进学生全面发展，因为尊重学生的个性差异和学习需求，可以帮助学生发现自己的兴趣和潜能，鼓励他们在多个领域进行尝试和探索，从而促进其全面发展。总之，尊重学生本性是思想政治课教学中的一个重要原则，它有助于促进学生的个性化发展、建立良好的师生关系、提高教学效果、培养学生的自主学习能力及促进学生全面发展。

“坚持国家本位、把握学科本质、尊重学生本性”这三者之间是相互关联、相辅相成的。其中“坚持国家本位”是基础和前提，为“把握学科本质”“尊重学生本性”确立了目标和方向；“把握学科本质”“尊重学生本性”是手段和方法，为“坚持国家本位”提供了路径和抓手，三者共同构成了务本教育的基本架构，具体如图 4-1 所示。

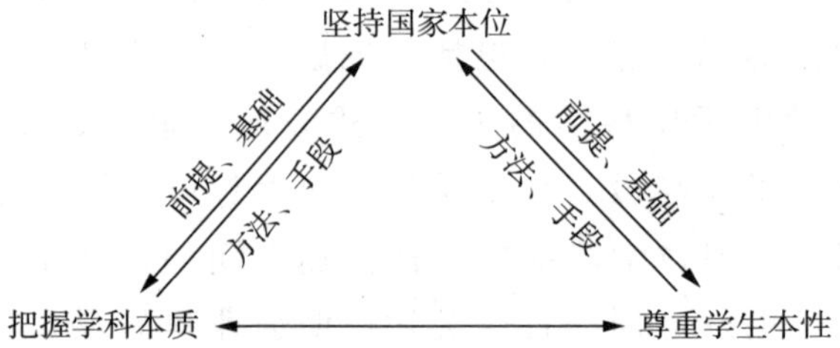

图 4-1　务本教育的基本架构

三、理念形成：基于“立德、科学、实效”价值表达的教育观

笔者的“务本教育”观是在我国课程改革从高效教学走向深度教学的过程中萌生与发展的，是在对学科大概念理解和研究中确立和成型的，并推动笔者的教育教学思考与实践不断实现新的突破。

2018 年，笔者认识到学科教学的意义在于让学生习得学科的思维方式，且这种思维方式会随着阅历的增加而不断丰富和升级。于是笔者撰写了《思维模型优先 兼顾知识准确——思想政治学科评价方式变革刍议》，提出学科学习在于习得学科思想、形成学科思维、理解学科价值，并在生活中拓展思维方式的教育主张。

2020 年，笔者发现学科大概念是学科思维方式的主要载体，于是主持立项了广东省规划课题《指向学科核心素养的高中思想政治大概念教学设计》（课题编号：2020YQJK026）。在对课程标准和学科大概念的研究中，笔者撰写了《思想政治学科大概念的内涵、特征和效用》，提出在课程简洁、集约的纲领性要求下思考必备知识、关键能力与学科核心素养形成的关系，可促进教学目标、教学活动、情境设置、作业测评四者变得更一致、更协调，突出了“把握学科本质”的前提是为了实现“坚持国家本位”的目标。

2022 年，结合新结构教学评框架，笔者认为教育教学要实现“明理”“共情”“增信”“力行”的内在统一，于是撰写了《新结构教学评框架下思政课教学新实践——以〈中国特色社会主义〉为例》，提出在教学实施过程中以学科大概念的解释力“明理”，以真实学习情境的适切性“共情”，以拓展性学习的实效性“增信”，以项目式学习激发学习内驱力助“力行”，切实提高课程的育人实效，诠释了教育教学“把握学科本质”“尊重学生本性”的方法和路径。

2019 年 3 月 18 日，习近平总书记主持召开学校思想政治理论课教师座谈会并发表重要讲话，强调思想政治理论课的改革创新要坚持“八个相统一”，强调了教师对学科教学政治性、学理性、价值性、知识性、建设性、批判性、理论性、实践性、统一性、多样性、主导性、主体性、灌输性、启发性、显性教育、隐性教育等诸多特点的关注和重视，既要理直气壮地开好思政课，又要实现全员全程全方位育人。这“八个相统一”集中反映了只有教师在思政课教学育人过程中理解国家、学科、学生三者的地位和特点，才能更好发挥教师在思想政治理论课实施中的关键作用，体现思政课立德树人的关键地位。

这些深层次的反思让笔者认识到，在教育高质量发展时代，立德树人是育人的根本，强大的学理是启智润心的关键，遵循学生的成长规律是教育高质量发展的保障，只有抓住了国家发展、学科价值、学生成长的根本，才能更好地让教育服务于国家建设、学科发展和学生进步，因此“立德、科学、实效”价值表达教育观成为务本教育的价值追求。

四、实践推广：探索“务本教育”探寻教研机制、教学设计和课程育人的范式

（一）激发教师主动性，打造“共生”教研生态

教师是课程改革的关键。为顺应我国全面深化新时代教师队伍建设改革的要求，激发和触动教师专业发展的内驱力和创造力，笔者借鉴袁纯清对共生理论的研究，即指在一定条件下，各单元主体按照某种模式产生联系，形成相互联系、共同生存的共生关系，着力构建新时代思政课县域教研共生模式。

新时代思政课县域教研共生模式力图促成教师群体“共识”单元的出现，在研究中深化合作互助，打造“共情”文化，搭建交流分享碰撞的“共建”平台，从而推动教师专业追求的内化和再生，推动县域教研文化的实效和开放，形成“单元有活力、过程有温度、成果有突破”的“共生”模式。

在组建“共识”单元时要强化理论学习，把握研究方向，挖掘教师特色，促进个体研究，搭建县域范围内共性研究的连接方式；在打造“共情”文化时要基于教师“师本”研究单元，宁小勿大，还要基于区域引领研究单元，保持相对开放的门槛，形成共同愿景，促进真交流，开展真合作；在优化“共建”关系时要定期任务驱动，定期交流反馈，以专业态度激发专业潜能，以专业成果促生专业成果；最后通过自上而下的方向引领，自下而上自发创生，沉淀相对稳定的县域教研形态，汇聚合力，实现“共生”模式。

（二）创新教学方法，构建基于学科大概念的教学设计支架

在“共生”教研模式的支持下，思想政治学科作为“立德树人”过程中最关键的学科，要求我们的研究必须立足国家对思想政治课的新要求，特别是对当前国家重大会议精神、新课标和新教材研究及前沿教育教学理论的把握。作为教研员，笔者在广泛地学习和论证后，以“思想政治学科大概念的深度学习”为主题，引领区域的教学研究，并鼓励有研究兴趣和研究需要的老师参与。

现行的课程标准围绕核心素养的落实，研制了学业质量标准。学业质量标准立足高中学段，对学科核心素养的关键表现做了提炼，为在课程实施过程中促进教、学、评相一致及相衔接提供了重要参考。笔者以课程标准为基准，依据学业成就表现的关键特征，可得出在思政学科中居学科核心地位，且具有高度抽象化、概括性和学科思想价值的大概念群，由此可发现学科大概念群的构成包括指向价值取向的大概念、指向哲学思维的大概念、指向具体学科思想方法的大概念三类。根据这三类大概念的相互关系，确定了学科大概念的教学支架，并研制了基于SOLO分类评价理论的高中思政课教学设计范式。

基于SOLO分类评价理论的高中思政课教学设计范式引导教师以价值取向的大概念来统领哲学思维的大概念和具体学科思想方法的大概念，深化教师对教学主题的解读和知识价值的挖掘。该范式采用不同水平的能力要求设置教学目标和学业评价，引导思想政治学科教、学、评聚焦到对学科核心概念和思想方法的学习上来，更多地关注学习结构化思维框架的形成，促进四类知识在思政课堂的生成、提升、贯通，突出程序性知识的转化作用，改变学科应试惯性，让教学落实国家本位、遵循学生本性、反映学科本质。

（三）创新教学模式，构建“举一致用”大概念教学范式

经过前期的研究和积累，笔者积极探寻如何发挥学科大概念在知识整合中的作用，以及学科大概念在真实的、具体的、综合的情境中运用迁移。据此建构“举一致用”大概念教学范式，搭建“举一致用”大概念教学的基本框架，彰显“举一致用”大概念教学思路与学科素养落实之间的辩证关系，为大概念教学的实施路径提供参考和启示。

“举一致用”大概念教学理念运用在“思政小课堂”和“社会大课堂”会产生两种教学模式。两种模式异曲同工，体现了共同的特点：价值导向由知识立意转变为素养立意；教学内容由依据教材的编写逻辑分解教学内容转变为在学科大概念的引领下重构教学内容；教学活动设计从关注具体知识的讲解和落实转变为关注以程序性知识的生成或升级的活动设计；关注学科知识结构化、学科活动的结构化及学生习得大概念过程的结构化；教学评价由侧重考查学生对具体知识点的记忆和练习转变为通过“前测”和“后测”来评估学生对学科大概念的掌握程度，以及如何推进学生对学科大概念的理解与深化。

在信息爆炸的时代，新知识层出不穷。中学阶段的学习内容不断地增加，学生的学业压力不断加大，教育者需要时刻提醒自己把握好教育的本质，突出核心知识和核心问题的深度理解和灵活运用。“举一致用”大概念教学就是在追求务本教育理念的过程中所倡导的一种教学方式，其通过整合和提炼学科知识，帮助学生从全局角度把握核心知识和核心问题的本质，促进学生举一反三，触类旁通，从而减轻学习负担。

第二节　“举一致用”思政课大概念教学的基本支点

“举一致用”思政课大概念教学的基本支点是学科大概念。笔者紧紧围绕探索“学科大概念”的内涵和外延来开展研究，调动师生的积极性、主动性和创造性，让师生形成对学科大概念不断深入、不断迭代的理解，促进教师专业的发展和学生核心素养的形成。思政大概念教学效能示意图如图 4 - 2 所示。

正是因为研究目标围绕探索学科大概念这一支点展开，所以老师们对教

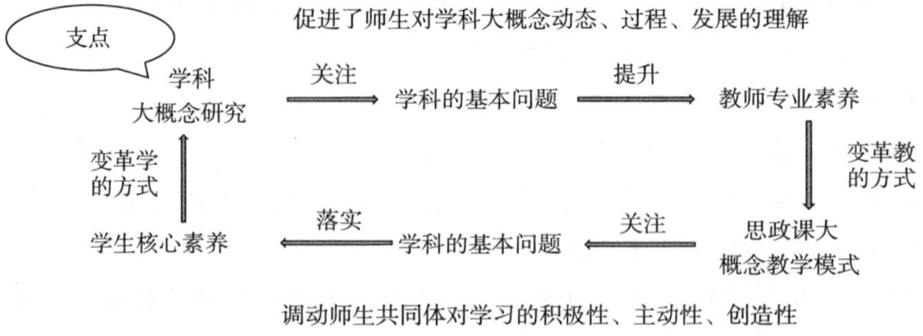

图 4-2 思政课大概念教学效能示意图

学内容的关注集中在了学科基本问题的研究中，而最大的变化在于面对教学内容时由原来的“内容有几部分构成，我应该用什么案例来演绎这些内容”转变为“内容的核心思想是什么，它体现了什么样的价值追求，选择什么样的情境对理解核心问题具有典型性”。这种思考的转变激发了教师对学科的理解，从而提升自身的专业素养，撬动课堂教学结构的变革；同时也促进了学生对学科核心概念和核心思想的理解和运用，从而不断内化和深化对学科基本问题的认识，让学习的过程成为一个教学相长的过程，也成为对学科基本问题的认识迭代升级的过程。

一、思政课大概念的内涵

大概念不是学科里零碎概念和烦琐观点的堆砌，也不是所有知识点的简单相加，它是反映该学科本质及其特殊性的学科框架概念，居于学科的核心地位，是具有高度抽象化、概括性和学科思想价值的载体。大概念教学以学科大概念为依据整合学科内容，是传递和落实课程目标的关键一环，它促进教师去研究和发现学科内容中影响力较大的概念，在凸显教学活动、聚焦关键问题的同时，强化在学习过程中解决关键问题的路径和方法，实现学科大概念的深度学习和迁移运用，让大概念与学生现在的学习和未来的工作关联，从而有针对性地帮助学生更有效率地习得和泛化这些大概念，为学生的终身发展打下基础。

新教材依据新课标在编写中彰显了大概念教学的理念，但新课标并没有对大概念作标准化的解释，且教材本身对大概念的提取和界定也没有形成统一的认识。根据其他学者对“大概念”的界定，结合思想政治课程的特征，笔者认为思想政治学科大概念是指反映社会政治、经济、文化等形成和发展的系列框架概念，体现了中学思想政治学科模块间和学科单元间的重要结论、思想方法和意义价值。它是一种高度形式化、普适性极强，兼具认识论与方法论意义的概念。

二、思政课大概念的特征

首先，思政课大概念是在该课程中居于核心地位的概念。一般来讲，用于解释现象的概念有不同的大小。解释浅显现象的概念常可以抽象到一个更大、更广泛的概念当中，而经过这样无穷抽象、概括，往往几个概念或者一个概念就可以解释所有的现象。本书界定的大概念是基于对新课标的研究得出的，居于高中思想政治学科教学的核心地位，对高中学段的所有主干知识具有普遍解释力的概念。比如从新课标“学业质量”中提炼出来的“坚定‘四个自信’，做到‘两个维护’”，一方面是对思想政治学科核心素养中政治认同的明确化、具体化，另一方面也对接了国家对高中阶段实施思想政治学科教学重在提升政治素养、形成政治认同的要求。

其次，思政课大概念具有认识论和方法论意义，彰显了学科价值导向。提取出来的大概念不仅仅是一个概念或者一个观点，它在提供认识和改造世界方法的同时，也渗透了学科的价值追求，指引着教师和学生在面对课程时的思想观念和价值取向。显然，通过“学业质量”提取的大概念能帮助教师更好地处理教材的内容。比如谈到社会形态的更迭时，虽然教材使用了大量篇幅来描述社会的各个形态，但在大概念的指引下，教师可以明确，每个社会形态的具体样貌、特点和更迭是服务于“先进理论对社会变革的先导作用”这一思想的。又如谈到中国特色社会主义理论时，初中和高中的教材都有各个时期的理论成果罗列，高中阶段的思政课教学在介绍这部分内容时，有必要更侧重于典型理论成果的典型表现和丰富内涵。

最后，思政课大概念是通过一组简洁、集约的学科命题，指明学科素养落地的方式。思政课大概念是该学科思维和方法的精简呈现。提取的大概念能帮助教师理解从学科知识到学科素养的桥梁——学科思维，通过帮助学生形成辩证的、历史的、批判的、法治的思维方式，从而增强学生对中国特色社会主义道路、理论、制度、文化的认同感，这也将促使老师进一步反思教学活动中思维训练的效果。

三、思政课大概念的效用

首先，思政课大概念是系统建构高中学段必修模块的主要手段，能提高高中思政课教学的整体性。思政课大概念是依据课程标准提炼出来的总的要求和思想方法，这一要求和方法应该贯穿高中所有课时，指引教师在阅读课标和教材时，对所教的内容形成一个简洁、集约的纲领性要求，对每个模块的教学有一个总体性的把握。在这一总体性的要求下思考必备知识、关键能力与学科核心素养形成的关系，让必修模块的教学目标、教学活动、情境设置、作业测评四者变得更一致、更协调，从而促进课程目标的实现。

例如，在《中国特色社会主义》的教学中，依据提取的大概念，教师可以思考：本模块要解决的核心问题是什么？为解决这一核心问题，哪些知识是学生要学习的必备知识？通过什么样的教学方式能促进学生关键能力的形成？怎样的教学情境能发挥学科价值，实现育人功能？作业的布置、测验的考查怎样才能凸显课程立意的方向？在通读教材和研究课标要求的基础，教师可以将本模块的教学目标侧重在培养学生的道路自信和理论自信上，紧扣人类社会发展的规律，以“生产关系一定要适应生产力的状况，上层建筑一定要适应经济基础的状况”这一必备知识，在理解社会形态的更替及科学社会主义世界范围的传播和发展中，在我国发展道路的选择、在中国特色社会主义道路的实践探索、在面对世界百年未有之大变局的中国战略应对中，选取重大事件、典型人物、经典论述作为典型情境，用设问促进学生思维方式的升级和专业视野的拓展，从而帮助学生辩证、历史、批判地看待各地历史发展的不同轨迹，辨析错误思潮，理解我们走中国特色社会主义道路的科学性和必然性。同时，大概念还有助于推动教师以大概念为纲去整合模块的作业布置和单元测试，把学习的时间更多地花在对核心观点的深度理解和实践探索中，如教师布置“举例分析‘实事求是我党的制胜法宝’”作为模块作业，浓缩了教材的精华又着力突破学生认知困境，避免了对理论知识的泛泛而谈与死记硬背。

其次，思政课大概念能为整合优化新课标每部分教学内容的细目提供思考支架，引发教师对所教内容教育价值的思考，提升课堂教学内容的关联性和有效性。教师在翻阅教学内容所对应的课程标准中课程内容的要求时，会发现这部分的内容要求是以条目化的形式出现的，这种形式加强了知识点之间的联系，也明确了某一知识点的学习要求，但还是可能出现孤立、片面看待某一条目的现象。而凝练、简约的大概念能让一些看似说不清、道不明的理念变得有章可循，为教师在制定教学目标时提供思考的维度和框架，也为教师在按照每一部分的课程内容要求设计教学活动时，提供自我评价和自我反思的标准。

例如，在《政治与法治》模块第一单元“中国共产党的领导”中，课标的要求是“1.1 引述宪法序言，说明没有共产党就没有新中国，阐明共产党成为执政党的必然性；1.2 引述党章规定，明确党的性质、宗旨和指导思想；1.3 理解坚持党对一切工作领导的意义，阐述中国共产党依宪执政、依法执政的道理、方式和表现”。用大概念来统领这些课标的细目要求，可做出如图4－3所示的设计。

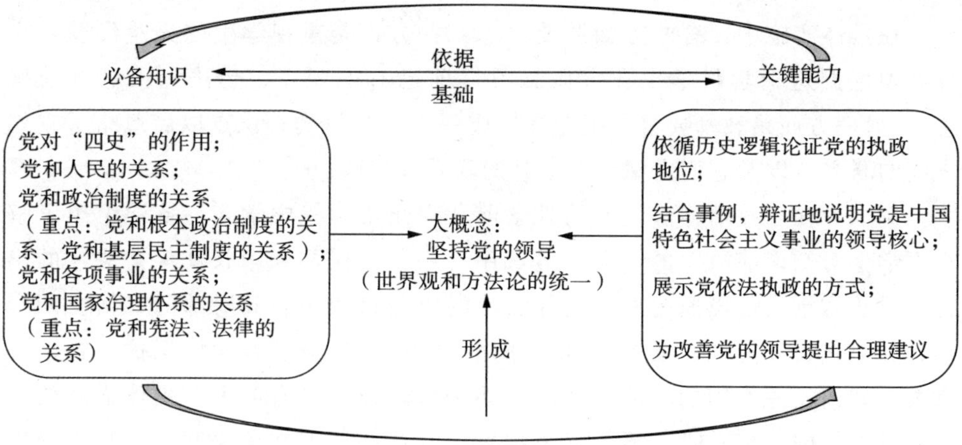

图4－3　“坚持党的领导”大概念的实现路径

本设计要突破的大概念是“坚持党的领导”，在对大概念的深度理解中，“四个自信”“两个维护”之间的关系不是孤立存在的，它的本质是对党领导下我国的政权运行、制度建设和治国理政效能的理解和认同，因而落实对党的有关知识的具体掌握，需要把党的地位放在党对民族历史发展的推动中，以及党与人民、制度建设、各项事业建设、国家治理的关系中去理解和落实。这一思路的确定也对接了培养学生关键能力的要求，实现了大概念落实过程中世界观和方法论的统一，而那些具体的知识点也在学生对大概念的理解和升华中得到了融会贯通。

再次，思政课大概念帮助教师有针对性地聚焦核心知识习得过程中的前概念，在教学中有助于调动学生的先验经验，推动学生对大概念认识的迭代升级。大概念教学力图解决两个问题，一个是教什么的问题，一个是怎么教的问题。聚焦学科教学中能体现上位的具有整合性思维方式的最有价值的知识，通过不同的议题和真实任务反复理解、迁移运用，促进大概念知识在学生认知系统里由无到有、由浅入深的发展。大概念深度学习过程如图 4-4 所示。

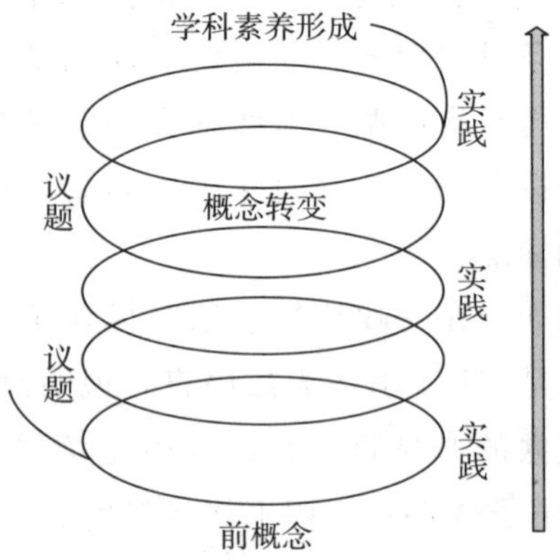

图 4-4　大概念深度学习过程

在具体实施中，有两方面需要注意：一方面是重视学生的先验经验，充分必须挖掘这个学科学生在大概念习得前已有的观点、想法和误区（前概念）；另一方面是教师要警惕把课程拆成一个个具体的知识点以后忽略了它们之间的联系，以及它们之间对大概念的联系和迁移。

例如，在《政治与法治》的教学前，广州市第三中学高一备课组想了解一下学生对知识前概念的掌握，尝试用《中华人民共和国长江保护法》的出台为时政背景，情境描述了在这部法律的出台过程中各政府部门如何协调配合、如何在长江保护中发挥各自的作用，需要学生分析在长江保护中各国家机关是如何发挥作用的。从学生的回答来看，他们没有明晰各主体之间的关系及各主体的运行方式，不了解民主集中制这一制度在该法制定过程中的表现。这一方面是因为学生缺少参与政治生活的实践经验，另一方面也反映出在平时的教学中，教师和学生习惯于在一些细节的知识反复练习，忽略了对政治生活整体面貌的理解，缺少了整体把握。

最后，思政课大概念包含了认知和行动的统一和协调，提醒教育者应了解学生个体生命成长、精神成长过程的科学性和目的性，促进教学活动的开展既要关注主干知识生成逻辑又要考虑学生生活实践的需求，即理论性和实践性相统一。

新课标对课程的定位是“活动型课程”，这证明在培养学生政治素养的过程中既要关注常识性学习又不能忽视体验性学习。但不是所有的知识都有必要通过“做中学”的方式来实现，大概念思政课可采用项目式学习的方式，用学科大概念统领课程内容与实践活动，更好地发挥常识性学习和体验性学习的优势。

例如，广州市育才中学高一备课组在“中国共产党的领导”这一部分的教学中，设计了项目式学习方案——“基层社区疫情防控看党的领导”。该项目设计分为实践操作环节和理论学习环节。实践操作环节包括制定社区疫情防控措施调查表；梳理社区疫情防控具体措施实施的流程和环节；访谈基层社区各类成员对基层疫情防控的看法。理论学习环节包括中国抗疫举措看党的全面领导；结合抗疫精神和党的精神谱系分析中国共产党的价值追求。该项目设计推动学生从身边的政治生活出发设计活动，增强学生学习的直接感受，又在理论上提供方向指引，有目的地渗透学科思想、观念、方法和价值，更好地促进学生的政治认同和精神成长。

综上所述，思政课大概念能具体、凝练地反映学科本质，成为贯通课程标准和高考评价体系的桥梁，帮助教师更好地聚焦思想政治课程的必备知识、关键能力、学科价值，鼓励教师的视角从对具体知识点的记忆和落实转变到更多地研究学生学习的特点和学科对教育的意义上去。正因为此，考试评价的深化改革、综合实践活动的切实开展等也希望得到有关部门和社会力量的更多支持，以更好地培养适应未来社会的有担当的接班人。

第三节　“举一致用”思政课大概念教学的两个支架

“举一致用”思政课大概念教学首先面临的问题是：教师应该如何理解思政课的学科大概念？思政课的学科大概念和其他的学科大概念有什么不同，与以前的理论研究结论又有什么不同？有没有认知支架可以帮助教师更快更好地把握教材内容的核心旨意？有没有相应的教学设计范式可以更好地将大概念教学理念融入教学过程当中？“举一致用”思政课大概念教学中具有两个支架可以帮助教师更好地理解教学内容及将理解的教学内容更好地渗透至教学过程当中。这两个支架分别是思政课大概念认知支架和思想政治学科大概念教学设计范式。其中，思政课大概念认知支架可以帮助师生认识思政学科大概念的类型及相互关系；思想政治学科大概念教学设计范式在SOLO分类评价理论指导下通过对学科大概念的提取、分类、学习水平的划分，引导思想政治学科教学设计的教学目标、教学活动、教学评价聚焦到对学科核心概念和思想方法上来。

一、思政课大概念认知支架

教师应深入研究思政课大概念内涵及特征，将教学设计聚焦到如何推进思政课大概念学习的进程上来。《中国特色社会主义》是一门具有强烈政治意识形态教育的课程，强调以马克思主义中国化百年发展历程和宝贵经验培养学生坚定走中国特色社会主义道路的信念。该课程的学科大概念既包括品格价值观方面的，如“坚定‘四个自信’、做到两个‘维护’”“只有社会主义才能救中国”“只有坚持和发展中国特色社会主义才能实现中华民族伟大复兴”等；也有程序性知识方面的，如“生产力与生产关系、经济基础与上层建筑的矛盾关系”“用联系、发展、全面的眼光看问题”“坚持群众观点和群众路线”等；还有学科具体思想方法方面的，如“中国革命的三个法宝”“社会主义改造是中华民族有史以来最深刻最伟大的社会变革”“改革开放是伟大的”“十个明确、十四个坚持”等。

这三类学科大概念的地位是不同的。其中，品格价值观方面的大概念是最上位的，反映了本模块教育总体要求，统领着其他两类大概念；有关程序性知识的大概念是中位的，既体现了学科具体思想方法的共性特征，也是解释品格价值观方面大概念的有力理论依据；有关陈述性知识的大概念则反映程序性知识大概念的个性特征，是中国特色社会主义在不同时期的重要理论框架。教师设计的教学活动要聚焦这三类学科大概念的学习，并关注学科大概念在学生学习过程中的自我建构和反思，发挥元认知大概念在概括、反思、批判、形成学科大概念中的重要作用。学科大概念认知支架如图 4-5 所示。

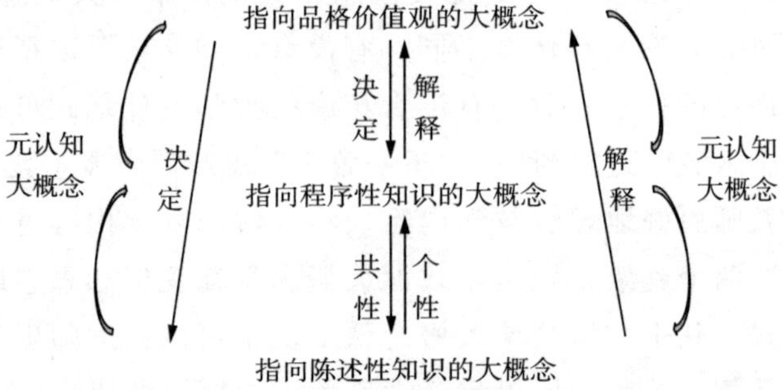

图 4-5　学科大概念认知支架

二、思想政治学科大概念教学设计范式

SOLO分类评价理论通过研究学生在解决具体问题时呈现的思维结构来测量其通过学习所达到的思维水平。在这一研究中，研究者发现了一个各类学科相似的由低级到高级的反应结构，每个层级的水平结构反映着学习者学习的质量和数量。但在这一系列的反映结构中，研究理论并没有突出反映思维水平是学生对哪方面知识的理解。

核心素养时代要求教师对教学内容中的事实性知识和概念性知识做明确的区分，并有意识地将概念性知识从大量的零散的、片段的事实性知识中抽象出来，帮助学生去理解和泛化学科内容中影响力较大的概念，让大概念与学生当前的学习和将来的工作关联，促进学生的学科素养的发展，为其终身发展做好铺垫。因此，大概念教学一定要关注教学内容中那些可迁移及具有深层次理解性的学科观念。结合SOLO分类评价理论的不同水平的反应结构，思想政治学科大概念的学习水平可界定为以下五种不同类型：单点或多点事实性信息阶段、单点本质性理解阶段、多点本质性理解阶段、结构化学科观念阶段、可拓展的学科观念阶段。SOLO分类评价视域下大概念学习水平见图4-6所示。

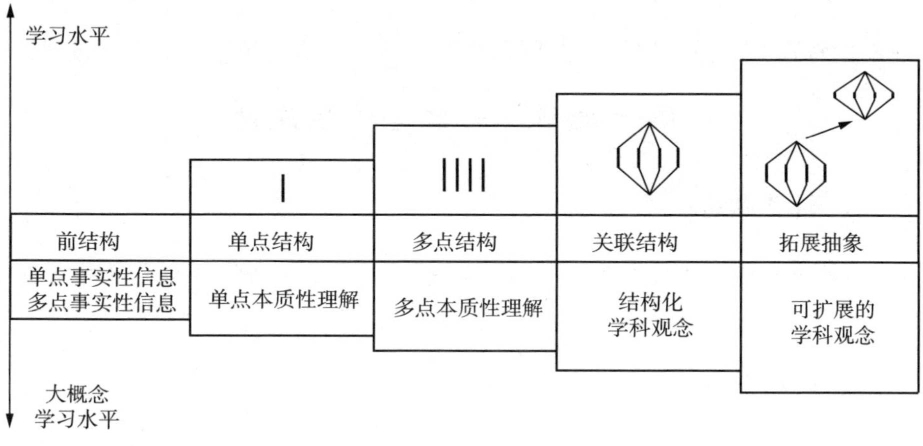

图4-6 SOLO分类评价视域下大概念学习水平

据此，教学过程中应该特别关注学生对学科核心问题的认知程度和进阶情况，教学设计应该凸显教的目标、学的活动和评的标准都能渗透至SOLO分类理论指导下的水平结构，从而促进学科大概念成为促进教、学、评一致

性的重要抓手。SOLO 分类评价视域下的思想政治学科大概念教学设计范式的具体要求如图 4-7 所示。

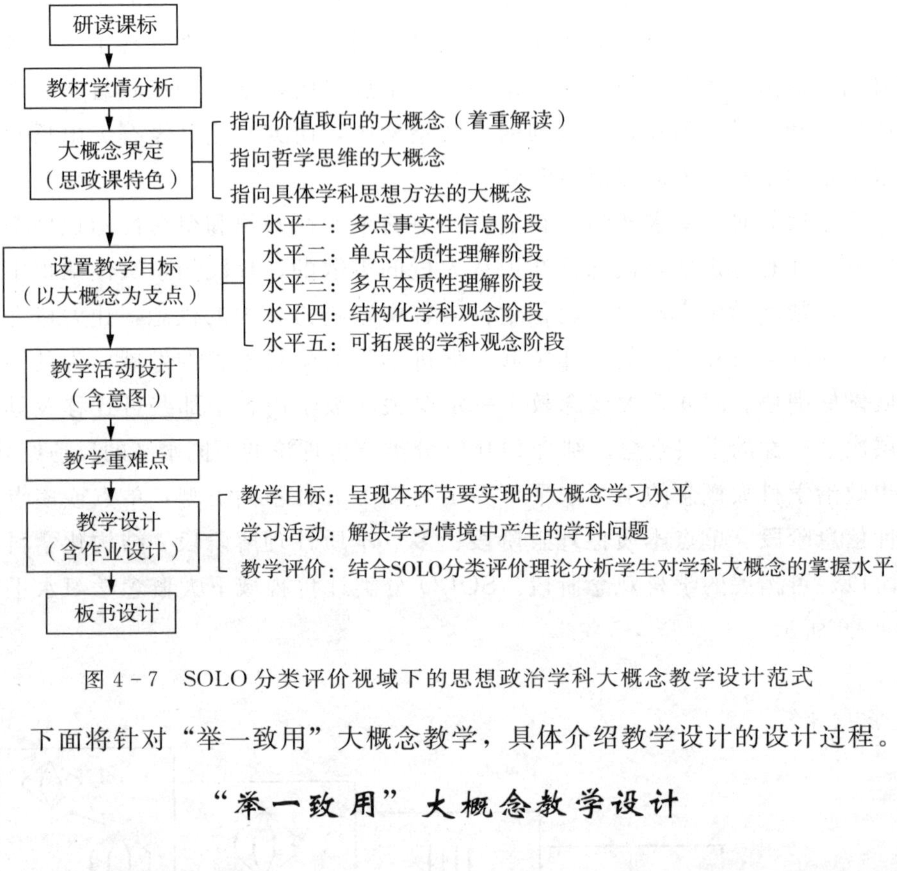

图 4-7　SOLO 分类评价视域下的思想政治学科大概念教学设计范式

下面将针对"举一致用"大概念教学，具体介绍教学设计的设计过程。

"举一致用"大概念教学设计

一、研读课标

（依据课程标准的要求和立德树人的任务，简述本教学单元学习对发展学生核心素养的价值和意义等）

二、教材分析

（根据课程标准、统编教材等，分析本单元/课教学内容在全书中的地位、与前后单元/课之间的联系、单元/课内的逻辑结构、聚焦的关键问题等）

三、学情分析

（分析学生与本课时学习相关的学习经验、知识储备、学科能力水平、学

生兴趣和发展需求、发展路径等）

四、大概念界定

（依据课程标准的要求提取三种结构化大概念类型：指向价值取向的、指向哲学思维的和指向具体学科思想方法的大概念，并着重解读指向价值取向的大概念的提取依据或者路径）

三大类型大概念内容的设计表见表 4－1 所列。

表 4－1　三大类型大概念内容

类型	大概念内容
指向价值取向的大概念	
指向哲学思维的大概念	
指向具体学科思想方法的大概念	

五、提炼核心问题

（依据“举一致用”大概念教学设计框架理论，围绕大概念提炼教学核心问题）

六、设置教学目标

（依据课程标准和 SOLO 分类评价理论，围绕指向价值取向的大概念，从学生五个习得大概念呈现的水平层级进行叙写）

七、教学活动设计意图

（简要说明教学环节、学习活动等的组织与实施意图，说明活动对目标达成和学生发展的意义，说明议题或者情境如何助力活动目标达成，分析问题情境的结构性与复杂程度等）

八、教学重难点

（根据课程标准和学生实际等，围绕指向价值取向的大概念明确重点和难点）

1. 教学重点

2. 教学难点

九、教学设计

教学设计表见表 4－2 所列。

表 4－2　教学设计表

核心问题	为什么中国特色社会主义是当代中国发展进步的根本方向		
教学环节	教学目标（呈现本节课大概念的学习水平）	学习活动（情境＋问题）	评价要求（结合 SOLO 分类评价理论，体现学生在学习过程中对大概念掌握的水平层级）

十、板书设计

（呈现建构知识结构与思维发展的路径与关键点、流程图等）

思政课大概念认知支架、思想政治学科大概念教学设计范式引导教师在树立课程意识、研究教材教法上更多地发挥主观能动性，敢于去发现和揭示思想政治学科学习的规律，引导学生通过大概念教、学、评的方法和维度辨认有意义的认知模型，从而促使他们在现在和以后的工作生活中做出明智的决策。

第四节　“举一致用”思政课大概念教学的两种范式

以学科大概念为核心，促使教学内容结构化是现行高中思想政治课程标准的重要要求。近年来，基础教育领域对学科大概念教学展开了广泛的研究，并认为基于大概念的教学在推进学生把握课程本质思想、掌握学科思维方法和促进知识迁移运用等方面发挥了重要作用。

在教学实践中，我们发现当前的高中思政课课堂教学存在“三变一不变”的现象。对于这些现象，我们提出将“举一致用”大概念教学运用到“思政小课堂”和“社会大课堂”，分别产生了两种教学范式。通过搭建“举一致用”教学范式，分析其教学设计的关键要素和基本特征，建构“举一致用”的教学设计思路与课标理念达成、学科核心素养落实之间的辩证关系，为切实落实课程标准理念、助力课程目标实现提供参考和启示。

一、“举一致用”大概念教学在“思政小课堂”中的教学范式

“举一致用”大概念教学在“思政小课堂”中的教学范式以学科大概念为基础，结合教学内容生成概念性视角，在这一视角的统领下，聚焦两个关键点，设计三类学习活动，完成两次教学测评，组成“举一致用”大概念教学的基本框架。“举一致用”高中思政课大概念课堂教学范式如图 4－8 所示。

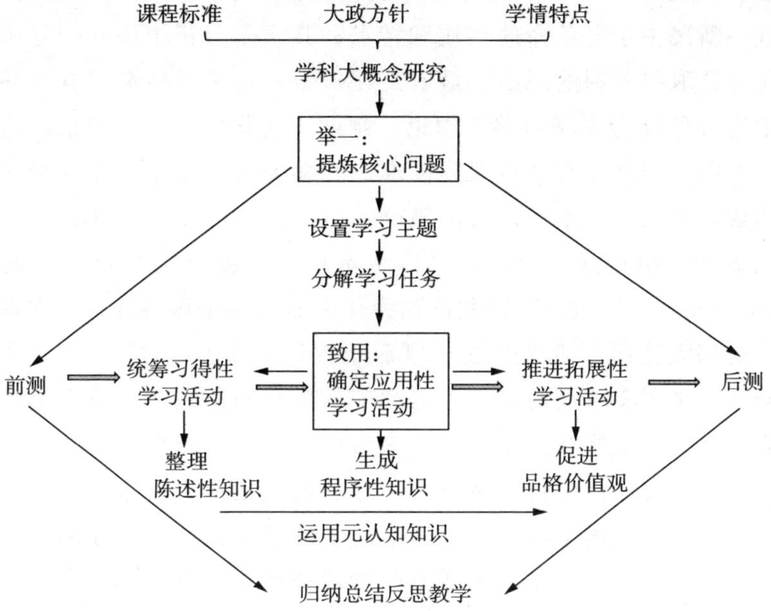

图 4－8　“举一致用”高中思政课大概念课堂教学范式

“举一”指的是综合考虑课程标准的要求和建议、最新大政方针的信息和指向、高考试题的特征和考查方式，以及所教学生的思维水平和学习特点等。教师在研究所教内容后，提炼核心问题（观点），并将所提炼的核心问题作为

本节课（一般情况以一课时为宜，特殊情况也可由多个课时组成）实施和开展所有教学活动的焦点。

“致用”是指应该将学习活动的设计重心放在对所教内容核心问题（观点）的概念性理解上，即帮助学生运用已有的学习经验和新获取的陈述性知识来解决所学内容中的核心问题，将陈述性知识转化为程序性知识，在这一过程中推进学生对学科大概念的深度理解。

“举一”是“致用”的基础，“举一”全面综合地反映了教师的课程理解力，它既要是学科大概念在本部分所教内容的集中体现，又要是促进学生认知结构向学科大概念发展的重要载体。“致用”是“举一”的目的，“致用”是教学设计的重要立意，目的在于让学生在运用旧知习得新知中发展认知，在“用”的过程中感悟学科的特点和魅力，激发积极的学习兴趣和学习情感，通过深层次的心智处理，实现个人对学科理解的意义建构。

以“新民主主义革命的胜利”一框的教学为例，该框内容结合所对应的课程标准、大政方针和高考取向的要求，对学生学习形成三个层面的要求：首先是理解新民主主义革命的性质和特点；其次是分析中国共产党领导的新民主主义革命取得胜利的原因；最后是评价新民主主义革命对党领导中国人民开创中国特色社会主义道路、理论、制度、文化的意义和价值。这不是对课程标准的照搬照抄，而是对课程标准中教学要求和学生学业质量评价标准的综合体现，既关照了本框内容的教学主题，又关注了所学知识的政治立意和学科大概念。根据这一分析，可以将本框教学要解决的核心问题确定为“基于历史事实，分析说明中国共产党为什么能领导全国各族人民夺取新民主主义革命的伟大胜利”。问题的提炼既源于教材又高于教材，突出了中国共产党领导与新民主主义革命的关系，有利于学生将新民主主义革命的特点与中国共产党的主张、策略和探索结合起来考虑，有利于帮助学生系统梳理相关的陈述性知识并发展用学科大概念理解学科问题的能力。这个问题本身驱动性较强，能激发学生的学习动机，这个问题的解决需要学生在原有生活经验积累的基础上进行有效归纳，将零散的学习资源进行整合和重组，形成有意义的问题解决方案。本教学设计的立意就在于此，即通过解决核心问题的过程来反思旧知、获得新知、重构认知。

二、“举一致用”大概念教学在“社会大课堂”中的教学范式

“举一致用”大概念教学在“社会大课堂”中的教学范式整合思想政治课

程标准的部分目标作为课程目标，以促进思想政治学科中大概念的适应性学习为主要任务，灵活运用“做中学”的教学方式，统筹各方资源打造研学平台，促进学生在解决问题中增强对知识的运用、整合和创造，增进对自我、社会和国家三者关系的认识，同时通过前后两次教学测评推动学生学习的内化和迁移。“举一致用”高中思政课大概念项目式学习教学范式如图 4－9 所示。

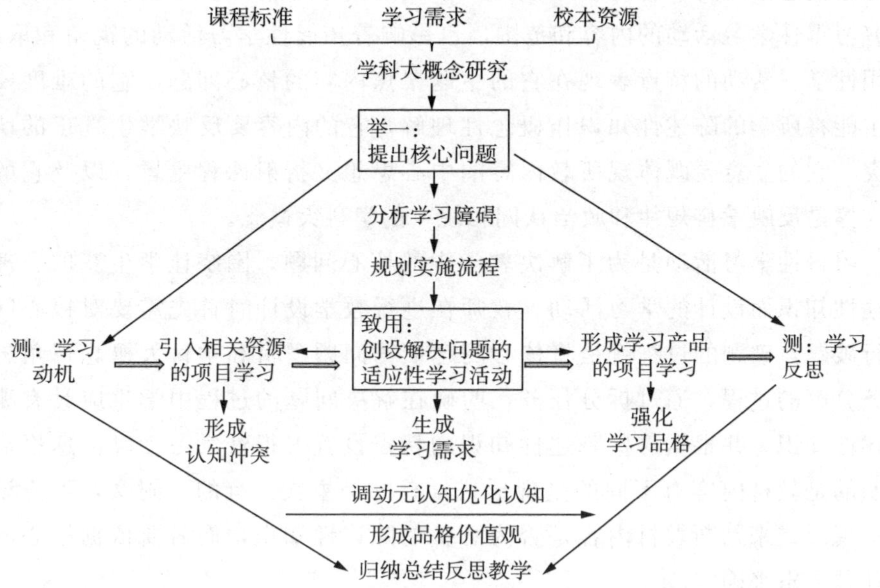

图 4－9 “举一致用”高中思政课大概念项目式学习教学范式

“举一”指的是学生对某一学科大概念的课堂学习效果欠佳，需要通过综合类的实践课程加以深化，这部分内容可以通过“做中学”的学习方式完成深化，在这一过程中学校或教师能够给予支持和帮助。教师通过使用学科大概念引入真实生活中的真实问题，让学生以小组的形式来共同解决，促进学生聚焦重点学习内容，强化对核心问题的深度认识。

“致用”是指在学习活动的设计过程中，通过设计任务和引导性问题为学生搭建脚手架，让学生通过适应性学习，深入感兴趣并有价值的学习内容。教师在支持学生学习并实践问题解决技能、沟通技能和自我管理技能的同时，促进其将知识和思维更好地贯通、知识和能力更好地衔接。

“举一”是“致用”的教学标准，“举一”是提取课程标准部分内容，通过项目式学习促进学生对某个或某些学科大概念认知深化的教学指南。“致用”是“举一”的课程内容，“致用”是为了实现部分课程目标，通过学习任务的设计和学习方式的创新更好地激发学生积极的学习兴趣和学习情感，实现对学科理解的意义建构的教学载体。

三、“举一致用”大概念教学的四类学习活动

应用性学习活动是为了解决教学中的核心问题，围绕让学生将陈述性知识通过概念性理解转化为程序性知识来设计的学习活动。应用性学习活动决定着习得性学习活动的内容和范围，也影响着拓展性学习活动的视角和取向。应用性学习活动的特点表现在它的主题聚焦内容的核心问题，它的难度要求学生能将所学的陈述性知识作概念性理解，它的内容要反映学生真正的认知冲突，它的立意要既体现所教内容的中心思想又折射课程主旨，以及它的理论支撑是反映学科规律和政治认同相统一的学科大概念。

习得性学习活动是为了解决教学中的核心问题，围绕让学生获取、理解陈述性知识而设计的学习活动。教师在进行教学设计时首先需要对核心问题进行破题，破题的过程就是将核心问题依据问题逻辑和学科大概念视角进行任务分解的过程，通过拆分任务，明确在解决问题的过程中学生应具有哪些陈述性知识，并根据这些陈述性知识的特点设置习得性学习活动。这里需要说明的是教材内容有不同的呈现形式，有的是主文，有的是附文，不应该凭借呈现形式来判断教材内容是否为必备的陈述性知识，而需要依据核心问题的问题逻辑来确定。

拓展性学习活动是为了拓展解决核心问题过程中所取得的学习成果，通过变换学科大概念的思考框架推进学科思维方式迁移和品格价值观形成而设计的学习活动。思想政治理论课是落实立德树人根本任务的关键课程。课程标准凸显了一个简洁、集约的纲领性要求，即通过学习帮助学生坚定“四个自信”、做到“两个维护”，它的本质是引导学生加强对党领导下的我国的政权运行、制度建设和治国理政效能的理解和认同，这一学科大概念应该贯穿高中思政课程的始终，也应该成为课堂拓展性学习活动将核心问题对接课程主旨的重要指导。

适应性学习活动是教师根据教学单元主题设计项目式学习活动，促进学生在真实生活中以解决真实问题为目标，激发积极情感、运用学科大概念、促进思维进阶的学习活动。适应性学习活动为学生发现问题和解决问题提供了真实场所，也为学生已有的认知提供了真实的运用场景，还为学生合作互

助取得学习进展提供了可能，同时为大量的事实性知识链接成概念性知识提供了机会。

总之，新课程改革强调学科大概念在知识整合中的作用，关注学科大概念在真实、具体、综合的情境中运用迁移。笔者提出“举一致用”大概念教学主张，搭建“举一致用”教学的基本框架，彰显“举一致用”教学思路与学科素养落实之间的辩证关系，为大概念教学的实施路径提供参考和启示。

第五节 “3+N”种思政学科大概念提取方法

真正发挥作用的学科大概念是与每个人的文化思想、阅历经历和思维方法息息相关的。我们通过提炼的课程标准提取法、高考题答案信息提取法、学科底层逻辑反思法三种提取方法引导每位师生展开对学科大概念的建构和探寻，促进自身认知的不断深化。

一、课程标准提取法

课程标准提取法是指通过对课程标准中学生学业质量所要达到的学业成就关键表现进行提炼，并在学科核心素养的基础上挖掘关键表现之间的相互关联，从而提炼出高中思想政治学科的大概念，并通过这一大概念的主旨和呈现方式，统摄指导高中思想政治学科的教学。课程标准提取法流程如图 4-10所示。

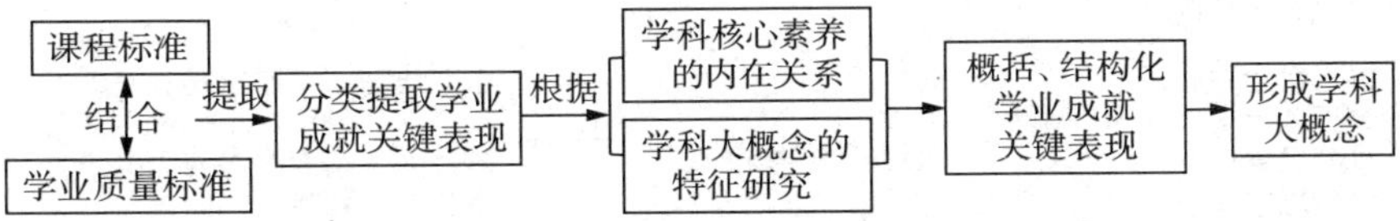

图 4-10 课程标准提取法流程

课程标准对学生完成高中思想政治学科的学业成就进行了总体刻画，依据不同水平的学习结果提炼关键表现。

首先，政治认同核心素养的关键特征包括：第一，只有中国特色社会主义才能发展中国（道路自信）；第二，坚持和发展中国特色社会主义理论体系，理解、认同习近平新时代中国特色社会主义思想是马克思主义中国化的最新理论成果（理论自信）；第三，坚持中国特色社会主义制度不动摇（制度自信）；第四，坚持中国共产党的领导；第五，道路自信、理论自信、制度自信都是中国特色社会主义文化自信的表现（文化自信）。

其次，科学精神核心素养的关键特征包括：第一，用辩证思维和历史思维辨识、分析社会发展的现象和理念；第二，对公共生活领域的各种问题，应解放思想、实事求是，正确看待政策、体制、机制；第三，对私人生活领域的各种问题，应遵守规范和程序，树立正确价值观，理性对待、正确抉择、创造性解决；第四，在全球视野下，推动中华优秀传统文化创造性转化、创新性发展，增强文化理解力和国际传播力。

再次，法治意识核心素养的关键特征包括：第一，法治是先进的国家治理方式；第二，法治思维表现在立法、执法、司法和守法各个环节；第三，权利和义务相一致；第四，依法办事、依法维权、依法解决纠纷，培育法治信仰，描绘法治中国蓝图。

最后，公共参与核心素养的关键特征包括：第一，理性看待各领域、各层级公共机构的相互作用；第二，有序参与公共事务；第三，从国家治理和社会治理两个方面，感受协商民主的意义和价值；第四，关注公共利益，展示公共精神的美好。

政治认同关乎学生成长方向和理想信念的确立，是其他三个核心素养的核心。以此可建构高度抽象化，具有概括性和学科思想价值的大概念，具体如图 4－11 所示。

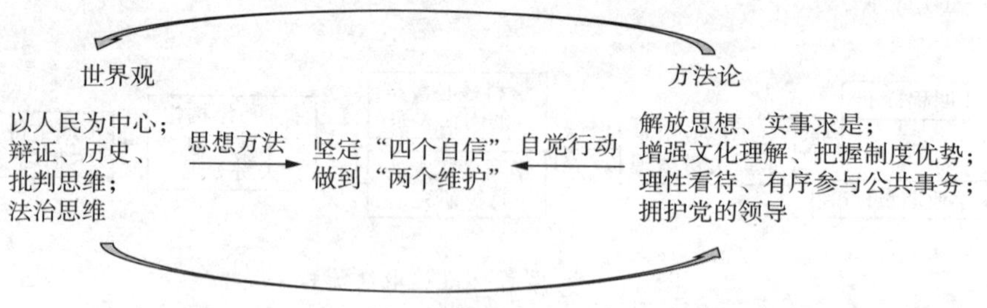

图 4－11　基于课程标准的高中思政课大概念构建

二、高考题答案信息提取法

高考题答案信息提取法是指将某一模块（如经济、政治、文化、哲学等）

的高考主观题、选择题分别进行分类，并提炼主观题答案或选择题选项中呈现的关键词，比较、研究关键词所呈现的学科逻辑，并将得出的学科逻辑在同主题的新情境中加以印证和完善。高考题答案信息提取法流程如图 4－12 所示。

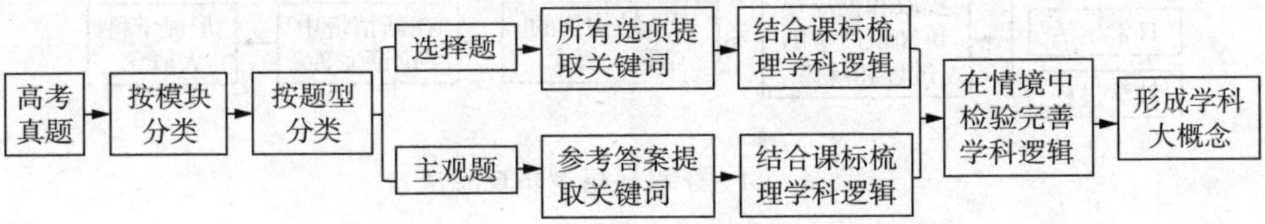

图 4－12　高考题答案信息提取法流程

以高考题经济模块为例，笔者分析了 2018～2020 年全国卷的九套高考经济主观题的答案，并把答案里面的关键词提取出来，得到了一组经济领域分析问题的关键词汇。这些词汇主要围绕资源配置中“谁来配置”“配置给谁”两方面展开。在对经济现象的分析中，具体的内涵都是指向资源配置在具体情形下的再现和重组，而只要是关于资源配置的问题都可以在市场和政府、供给与需求这两对相对稳定的关系中去分析，按照这种逻辑可以将这些零散词汇整理为经济方面的知识框架，具体如图 4－13 所示。

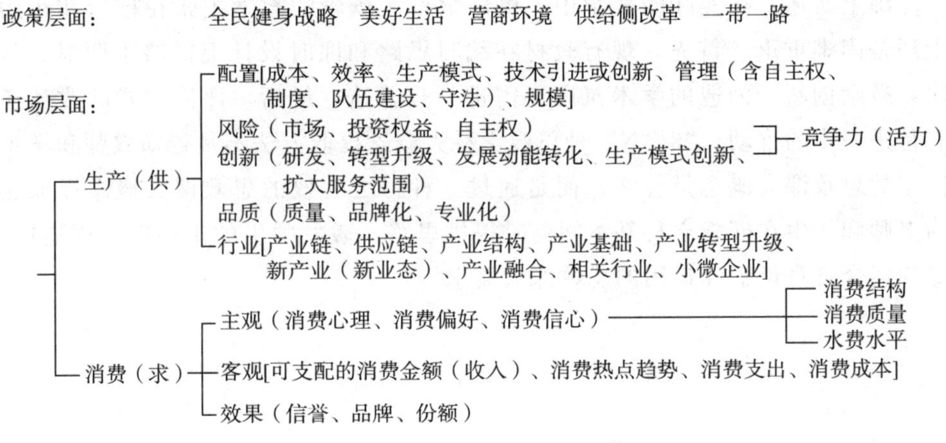

图 4－13　高考题答案关键词知识框架

三、学科底层逻辑反思法

学科底层逻辑反思法是指教师和学生在理论学习、教学过程和日常生活中发现和提炼某一模块知识产生和推导的一般过程和规律，将其图示，并在新问题、新情境中不断检验和发展，得出这一模块知识通用的学科逻辑。学科底层逻辑反思法如图 4-14 所示。

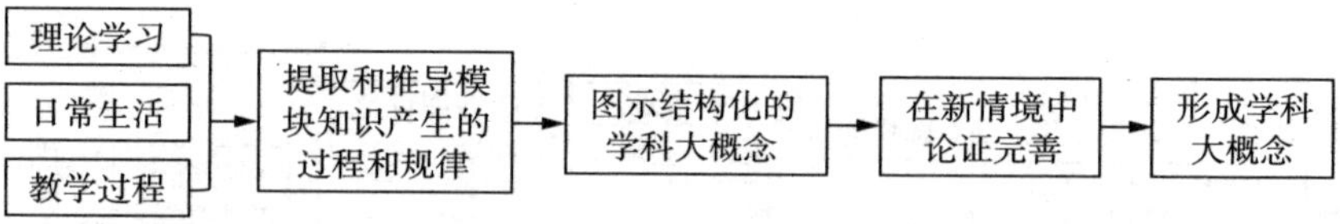

图 4-14　学科底层逻辑反思法

以文化主题的内容为例，文化建设既需要立足中国特色"社"会主义伟人实践，最终也是为了推动中国特色"社"会主义伟大实践的发展；社会实践的主体是"人"，这需要培育时代新"人"；培育"人"的过程需要依托文化载"体"；"魂"与"体"相互依赖，相辅相成，统一于文化建设的实践，必须涵养中国特色文化之"魂"；习近平主席指出，中国特色社会主义文化，"源"自于中华民族五千多年文明历史所孕育的中华优秀传统文化。据此，文化推动社会实践的机制清晰可见：传承中国特色文化之"源"→涵养中国特色文化之"魂"→建设中国特色文化之"体"→培育时代新"人"，树立文化自信，坚定理想→激励时代新人投身"社"会实践。

综上所述，在实际的教学中，提炼学科大概念的教学主张在推广和运用上还是困难重重。首先，现有教材在编写思路和课时设计上详略不明显；其次，鼓励创新、创造的学术氛围还需进一步营造。最后，评价方式的改革还有待进一步的推动。"3＋N"种思政学科大概念提取方法不是告知教师和学生固定的思政课大概念是什么，而是通过三种行之有效的思政课大概念提取法为老师和学生在探索学科基本问题时提供思路，激发师生的主动性和创造性，寻找适合自身理解和运用的思政课大概念。

第五章 “举一致用”思政课大概念教学的设计案例

第一节 框题教学案例

改革开放是伟大的

一、研读课标

（依据课程标准的要求和立德树人的任务，简述本教学单元学习对发展学生核心素养的价值和意义等）

（一）课标要求

2.2 阐明中国特色社会主义道路、理论、制度、文化是党和人民长期奋斗、创造、积累的根本成就。

2.3 论证中国特色社会主义是当代中国发展的根本方向，坚定坚持和发展中国特色社会主义的自信。

（二）理论依据

本册教材讲述了社会主义从空想到科学、从理论到实践的发展过程，梳理了中国特色社会主义的由来，以及创立、发展和日益完善的过程，阐明只有社会主义才能救中国、只有中国特色社会主义才能发展中国、只有坚持和发展中国特色社会主义才能实现中华民族伟大复兴。

本课在全书中起着承上启下的作用。它围绕“中国特色社会主义是如何形成和发展的"与"为什么只有改革开放才能发展中国、发展中国特色社会主义"两个主要问题展开。只有明确了"改革开放是伟大的",才能理解中国特色社会主义的来之不易。"改革开放是伟大的"这一框内容,既体现了党和人民长期奋斗、创造、积累的成就,也为中国特色社会主义提供了理论支持和实践佐证。

二、教材分析

(根据课程标准、统编教材等,分析本单元/课教学内容在全书中的地位、与前后单元/课之间的联系、单元/课内的逻辑结构、聚焦的关键问题等)

本框的教学设计从改革开放的伟大实践出发,引导学生通过学习"改革开放所取得的巨大成就""改革开放先锋的锐意进取和勇于探索""改革开放是我们党和国家在发展中的重大历史关头作出的重要抉择",理解为什么中国特色社会主义是改革开放以来党的全部理论和实践的主题,理解开创于改革开放新时期、建立在中国共产党长期奋斗基础上的中国特色社会主义是党和人民历尽千辛万苦、付出巨大代价取得的根本成就,是科学社会主义的成功实践,它的创立、发展具有历史必然性和科学真理性,必须坚定中国特色社会主义道路自信、理论自信、制度自信和文化自信,树立中国特色社会主义共同理想。

三、学情分析

(分析学生与本课时学习相关的学习经验、知识储备、学科能力水平、学生兴趣和发展需求、发展路径等)

高一学生在八年级时学习了中国近现代史,对中国近现代的社会形态和中国共产党领导人民救亡、建国、改革、建设的历史有基本的了解和把握。八年级下册第三单元《中国特色社会主义道路》主要讲述1978年党的十一届三中全会实现了伟大历史转折,中国进入改革开放和社会主义现代化建设的新时期。中国共产党开辟了中国特色社会主义道路,创立了中国特色社会主义理论体系。

九年级《道德与法治》第一单元第一课第一框"坚持改革开放"分为"改革开放促发展"和"中国腾飞谱新篇"两目,第一目介绍了促进改革开放的历史因素、改革开放是如何促发展的;第二目从国家发展、人民生活及我国国际地位三个方面介绍了改革开放取得的举世瞩目的成就,最终落脚到改革开放是决定当代中国命运的关键抉择。最后，教材指出，中国特色社会主义进入新时代，为下一节介绍改革开放的目的“走向共同富裕”做好准备。

学生已经大致了解改革开放的历史背景和重要意义，改革开放以来社会主义市场经济体制的建立和完善等制度变革，以及改革开放以来国家发展所取得的举世瞩目的成就，明白改革开放是决定当代中国命运的关键抉择。但是，在信息化环境下，学生接受信息的渠道虽然较多，但未能够做到完全理性地看待、分析、甄别和传播信息，容易受一些错误思想的影响，对已学知识产生怀疑。

授课班级学生思想活动的独立性、多变性、差异性比较大，大多数学生基础较好，能够运用初中所学知识去分析相应问题，具备自主学习和合作学习的能力，与教师能够进行良好互动。学生对改革开放的历史和意义基本清晰，但是对改革开放之所以伟大的深层原因思考不全面、探究不深入和理解不到位，影响其对中国特色社会主义的正确认识，以及制度自信和政治认同的确立，这需要老师进一步点拨和引导，帮助其突破难点。

四、大概念界定

（依据课程标准的要求提取三种结构化大概念类型：指向价值取向的、指向哲学思维的和指向具体学科思想方法的大概念，并着重解读指向价值取向的大概念的提取依据或者路径）

本框三大类型大概念内容见表5-1所列。

表5-1 本框三大类型大概念内容

类型	大概念内容
指向价值取向的大概念	改革开放是伟大的 解读： 党的十一届三中全会重新确立了马克思主义的思想路线、组织路线、政治路线，确保了上层建筑的先进性； 上层建筑的核心是中国共产党的领导，上层建筑的先进性归根到底是中国共产党的先进性。
指向哲学思维的大概念	改革就是调整不适应生产力的生产关系、不适应经济基础的上层建筑，促进社会主义的自我完善和发展。
指向具体学科思想方法的大概念	改革开放之所以伟大的现实原因（从政治、经济、文化等方面论述）和理论原因（从道路选择、理论建设、文化建设等角度论述）。

五、提炼核心问题

（依据“举一致用”大概念教学设计框架理论，围绕大概念提炼教学核心问题）

结合课标要求和“只有中国特色社会主义才能发展中国”这一学科大概念，确定本课的核心问题为：基于改革开放进程中的关键人物、事件及取得的成就，分析说明为什么改革开放是伟大的。

六、设置教学目标

（依据课程标准和SOLO分类评价理论，围绕指向价值取向的大概念，从学生五个习得大概念呈现的水平层级进行叙写）

总目标：引导学生结合改革开放的关键人物、事件、论述，感受改革开放的意义和价值，揭示中国特色社会主义的创立、发展和完善的历史必然性和科学真理性，明确只有中国共产党领导的改革开放才能带领人民走出中国特色社会主义道路。

分目标一：概述我国改革开放的历史进程、主要内容，回顾改革开放以来我国取得的伟大成就，说明改革开放对中国人民、中华民族和中国特色社会主义的伟大意义，总结改革开放取得巨大成就的根本原因。

分目标二：概述改革开放进程中的关键人物和事件，说明党的领导对改革开放的重大意义，分析改革精神、改革先锋对中国特色社会主义道路探索的重大意义，认识改革开放对于中国的重大意义，论证中国共产党领导的改革开放是坚持和发展中国特色社会主义的必由之路。

水平一：能够说出党的十一届三中全会的时间和意义，用某一方面的数据或事实说明改革开放以来各方面取得的显著成就，论证改革开放对中华民族的伟大意义，说明中国取得巨大成就的原因。

水平二：能够说出改革开放以来的重大事件，并能根据改革开放进程中的关键人物和事件，从事实上升到理论说明改革开放以来各方面取得显著成就的原因，认识到党的领导对改革开放、中华民族和中国特色社会主义的伟大意义。

水平三：能够全面说出改革开放的进程，并能够根据改革开放进程中的关键人物和事件，从事实、理论和党的思想路线的重新确立层面认识党的领导对改革开放的重大意义，分析改革精神、改革先锋对中国特色社会主义道路探索的重大意义。

水平四：能够全面说出改革开放的进程，并能够根据改革开放进程中的关键人物、事件、论述，系统分析中国共产党领导人民在改革开放这一伟大实践中体现的领导智慧和领导方式，阐述党领导下的改革开放是经得起实践检验、符合中国国情和人民意愿的。

水平五：能够全面说出改革开放的进程，并能够根据改革开放进程中的关键人物、事件、论述，回应各种封闭僵化或改旗易帜的主张，展示对党坚持解放思想、实事求是的认同，阐述走中国特色社会主义道路的坚定信念，并在学习日常上体现追求真理的观念和行动。

七、教学活动设计意图

（简要说明教学环节、学习活动等的组织与实施意图，说明活动对目标达成和学生发展的意义，说明议题或者情境如何助力活动目标达成，分析问题情境的结构性与复杂程度等）

本课共设置了三个教学活动，从“事说”“情说”“理说”三个维度创设以下教学情境：改革开放以来广州各方面取得的显著成就；袁庚主持蛇口工业区发展时的抉择和困境；改革开放的发展历程。

八、教学重难点

（根据课程标准和学生实际等，围绕指向价值取向的大概念明确重点和难点）

1. 教学重点

学生能回顾我国改革开放以来取得巨大的成就，说明改革开放对中国人民、中华民族和中国特色社会主义的伟大意义，总结改革开放取得巨大成就的根本原因，论证中国共产党领导的改革开放是坚持和发展中国特色社会主义的必由之路。

2. 教学难点

对改革开放之所以伟大的理论解释。

九、教学设计

本框教学设计具体内容见表 5 - 2 所列。

表 5－2　本框教学设计表

核心问题	为什么说改革开放是伟大的？		
教学环节	教学目标 （呈现本节课大概念的学习水平）	学习活动 （情境＋问题）	评价要求 （结合 SOLO 分类评价理论，体现学生在学习过程中对大概念掌握的水平层级）
导入新课前测	了解学生对改革开放的认识。	前测情境： 改革是中国的第二次革命。——邓小平 40 年的实践充分证明，改革开放是党和人民大踏步赶上时代的重要法宝，是坚持和发展中国特色社会主义的必由之路，是决定当代中国命运的关键一招，也是决定实现"两个一百年"奋斗目标、实现中华民族伟大复兴的关键一招。——习近平 学生阅读、思考，跟随老师进入新课学习。	能否从主客观角度，以及从历史、实践、理论的角度全面分析改革开放的意义。
讲授新课习得性学习	回顾改革开放以来我国取得的伟大成就，说明改革开放对中国人民、中华民族和中国特色社会主义的伟大意义，总结改革开放取得的巨大成就。	议题一：事说改革开放 情境：反映人民生活变化的图片和视频，展示改革开放以来各方面取得的显著成就。 任务：结合材料，谈谈改革开放为何伟大（可辅以生活实例）。	水平一：能用某一方面的数据或事实说明改革开放以来各方面取得的显著成就，论证改革开放对中华民族的伟大意义。 水平二：能够说出改革开放以来的重大事件，从事实层面分角度说明改革开放以来各方面取得显著成就的原因。

（续表）

核心问题	为什么说改革开放是伟大的？		
教学环节	教学目标 （呈现本节课大概念的学习水平）	学习活动 （情境＋问题）	评价要求 （结合SOLO分类评价理论，体现学生在学习过程中对大概念掌握的水平层级）
讲授新课 应用性学习	概述改革开放进程中的关键人物和事件，说明党的领导对改革开放的重大意义，分析改革精神、改革先锋对中国特色社会主义道路探索的重大意义，认识改革开放对于中国的重大意义。	议题二：情说改革开放 情境：1979年初，凭借党的十一届三中全会作出的“以经济建设为中心”与改革开放的重大契机，时任香港招商局副董事长的袁庚等招商局第一批创业者来到蛇口，开始了大胆探索：最早按照国际惯例与初创的社会主义市场经济运作的机制；最早更新价值观念、时间观念、人才观念；最早成功地建立健全劳动用工制、干部聘用制、薪酬分配制、住房制度、社会保险制度、工程招标制及企业股份制。 任务：蛇口工业区的改革为什么能获得成功？ 教师适时适当启发、点拨并小结：改革开放的成功离不开中国共产党的领导，离不开以改革先锋为代表的全国各族人民的艰苦探索与奋斗，在此过程中，我们党坚持把马克思主义基本原理同中国实际和时代相结合，不断推进理论创新、实践创新和制度创新，成功开创、坚持和发展了中国特色社会主义。 改革在问题倒逼下展开，又在不断地解决问题中得以深化，中国特色社会主义制度、理论、文化的支持、引领，是改革开放取得重大成就的原因。 由此可见，改革开放是坚持和发展中国特色社会主义的必由之路。	水平二：能够说出蛇口工业区在发展进程中的典型事件，并能分角度分析这些事件对深圳改革开放的意义。 水平三：根据改革开放进程中的关键人物和事件，从事实、理论和党的思想路线的重新确立层面认识党的领导对改革开放的重大意义，分析改革精神、改革先锋对中国特色社会主义道路探索的重大意义。

（续表）

核心问题	为什么说改革开放是伟大的？		
教学环节	教学目标（呈现本节课大概念的学习水平）	学习活动（情境+问题）	评价要求（结合SOLO分类评价理论，体现学生在学习过程中对大概念掌握的水平层级）
讲授新课拓展性学习	概述我国改革开放的历史进程、主要内容，说明党的领导对改革开放的重大意义，认识改革开放对于中国的重大意义，论证中国共产党领导的改革开放是坚持和发展中国特色社会主义的必由之路。	议题三：理说改革开放 情境：重点回顾党的十一届三中全会的重大调整，实现新中国成立以来的伟大历史转折（思想路线：冲破教条主义和个人崇拜的严重束缚，重新确立了解放思想、实事求是的思想路线；政治路线：停止"以阶级斗争为纲"，把工作重心转移到社会主义现代化建设上来；组织路线：审查和解决了党的历史上一批重大冤假错案和一些重要领导人的功过是非问题，形成以邓小平为核心的党中央领导集体）。 从改革和开放两条线索，讲解中国改革开放的重要节点和关键事件，深入理解改革开放是党和人民大踏步赶上时代的重要法宝，是坚持和发展中国特色社会主义的必由之路，是决定当代中国命运的关键一招，也是决定实现"两个一百年"奋斗目标、实现中华民族伟大复兴的关键一招。 任务：改革和开放是不同的两件事吗？改革开放为什么是伟大的？ 教师引导： 1. 澄清改革和开放的区别和联系，理解改革和开放的实质； 2. 从社会发展的基本矛盾层面理解改革开放的作用； 3. 从改革的内容层面理解改革开放的要求，从而理解中国特色社会主义的价值； 4. 从改革的保障层面理解改革开放的伟大和意义，初步树立实事求是、勇于创新的理想信念，理解党的领导对于改革开放的重要性。	水平二：能够说出改革开放以来的重大事件，并能根据改革开放进程中的关键人物和事件，从事实上升到理论说明改革开放以来各方面取得显著成就的原因。 水平三：能够全面说出改革开放的进程，并能够根据改革开放进程中的关键人物和事件，从事实、理论和党的思想路线的重新确立层面认识党的领导对改革开放的重大意义。

（续表）

核心问题	为什么说改革开放是伟大的？		
教学环节	教学目标（呈现本节课大概念的学习水平）	学习活动（情境十问题）	评价要求（结合SOLO分类评价理论，体现学生在学习过程中对大概念掌握的水平层级）
后测	了解和评价学生本节课的习得效果	后测情境： 改革是中国的第二次革命。——邓小平 40年的实践充分证明，改革开放是党和人民大踏步赶上时代的重要法宝，是坚持和发展中国特色社会主义的必由之路，是决定当代中国命运的关键一招，也是决定实现“两个一百年”奋斗目标、实现中华民族伟大复兴的关键一招。——习近平 学生思考总结。	能否从主客观角度，以及从历史、实践、理论的角度全面分析改革开放的意义。
作业设计应用性学习（聚焦学生学科核心大概念和思想方法的学习掌握情况，设计有针对性的作业）	请同学们查阅资料了解100名改革先锋的具体事迹，体会改革开放的伟大意义，谈谈自身感受。要求：围绕主题、观点鲜明、层次分明、逻辑清晰，字数500左右。		水平一：未能紧扣主题，观点不明确，简单罗列事例或者知识点。 水平二：基本能结合主题，观点不明确；知识运用不太正确；论证缺乏逻辑，条理性差。 水平三：观点比较明确，能围绕主题表达自己的见解；知识运用比较准确；逻辑性较强，有条理。 水平四：观点鲜明，能围绕主题明确表达自己的见解；深入分析，层次分明；知识运用准确、贴切；逻辑严密，条理清晰。

十、板书设计

（呈现建构知识结构与思维发展的路径与关键点、流程图等）

本框知识结构与思维发展的路径与关键点如图 5－1 所示。

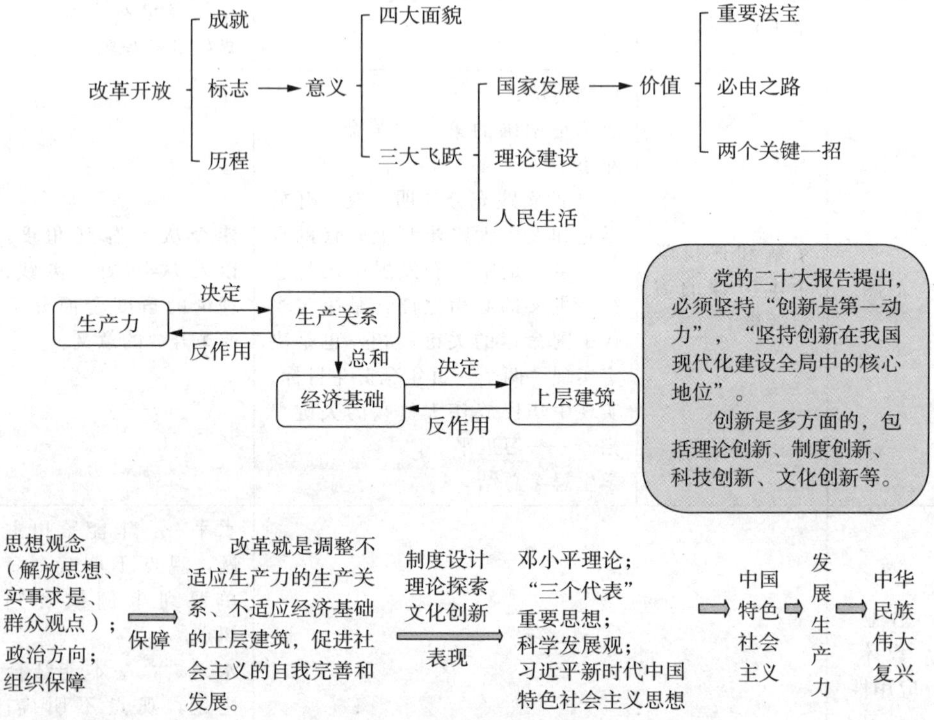

图 5－1　本框知识结构与思维发展的路径与关键点

第二节　单元教学案例

只有中国特色社会主义才能发展中国

一、研读课标

（依据课程标准的要求和立德树人的任务，简述本教学单元学习对发展学生核心素养的价值和意义等）

本课围绕“中国特色社会主义是如何形成和发展的”与“为什么只有改

革开放才能发展中国、发展社会主义”两个主要问题展开，通过学习，学生能够懂得中国特色社会主义是科学社会主义的成功实践，是中国近代历史发展的必然选择，能展现中国特色社会主义道路自信、理论自信、制度自信和文化自信，从而坚定中国特色社会主义共同理想。

二、教材分析

（根据课程标准、统编教材等，分析本单元/课教学内容在全书中的地位、与前后单元/课之间的联系、单元/课内的逻辑结构、聚焦的关键问题等）

本课从改革开放这一伟大实践讲起，阐述改革的进程、成就及意义，明确中国特色社会主义是改革开放以来党的全部理论和实践的主题，说明中国特色社会主义是党和人民历尽千辛万苦、付出巨大代价取得的根本成就，坚定坚持和发展中国特色社会主义的自信，在全书中起承上启下的作用。

三、学情分析

（分析学生与本课时学习相关的学习经验、知识储备、学科能力水平、学生兴趣和发展需求、发展路径等）

学生已经大致了解改革开放的历史背景和重要意义、社会主义市场经济体制的建立和完善等制度变革、改革开放以来国家发展所取得的举世瞩目的成就，明白改革开放是决定当代中国命运的关键抉择。但是，学生对改革开放取得巨大成就的原因，个人发展与国家、社会发展之间的关系，改革开放以来党取得的理论创新成果与中国特色社会主义实践之间的关系，中国特色社会主义好的原因等问题认识不够全面、深刻。同时，在信息化环境下，学生接受信息的渠道虽然较多，但未能够做到完全理性地看待、分析、甄别和传播信息，容易受一些错误思想的影响，对已学知识产生怀疑。

四、大概念界定

（依据课程标准的要求提取三种结构化大概念类型：指向价值取向的、指向哲学思维的和指向具体学科思想方法的大概念，并着重解读指向价值取向的大概念的提取依据或者路径）

本单元三大类型大概念内容见表 5 - 3 所列。

表 5-3　本单元三大类型大概念内容

类型	大概念内容
指向价值取向的大概念	只有中国特色社会主义才能发展中国 解读：改革开放所取得的成就、意义可以论证中国特色社会主义的正确性和优越性； 党的十一届三中全会重新确立马克思主义的思想路线：解放思想、实事求是，为改革先锋解除思想束缚，其改革精神对中国特色社会主义道路的探索和文化的形成有推动作用； 中国共产党领导人民在改革开放这一伟大实践中把马克思主义基本原理同当代中国实际、时代特点相结合，创立和发展的中国特色社会主义是经得起实践检验、符合中国国情和人民意愿的。
指向哲学思维的大概念	上层建筑一定要适应经济基础状况；马克思主义的实践观；解放思想、实事求是。
指向具体学科思想方法的大概念	中国共产党领导的国家政权机关运行机制：中国共产党领导中国人民立足国情，在改革开放中创立、发展和完善中国特色社会主义。

五、提炼核心问题

（依据"举一致用"大概念教学设计框架理论，围绕大概念提炼教学核心问题）

结合课标要求和"只有中国特色社会主义才能发展中国"这一学科大概念，确定本课的核心问题为：基于改革开放进程中的关键人物、事件及取得的成就，分析说明为什么只有中国特色社会主义才能发展中国。

六、设置教学目标

（依据课程标准和SOLO分类评价理论，围绕指向价值取向的大概念，从学生五个习得大概念呈现的水平层级进行叙写）

水平一：能够用某一方面的数据或事实说明改革开放以来各方面取得的显著成就，论证改革开放对中华民族的伟大意义，说明中国取得巨大成就的原因。

水平二：能够根据改革开放进程中的关键人物和事件，从事实上升到理论说明改革开放以来各方面取得显著成就的原因，认识到党的领导对改革开放、中华民族和中国特色社会主义的伟大意义。

水平三：能够根据改革开放进程中的关键人物和事件，在事实、理论和党的思想路线的重新确立层面认识到党的领导对改革开放的重大意义，分析改革精神、改革先锋对中国特色社会主义道路探索的重大意义。

水平四：能够根据改革开放进程中的关键人物、事件、论述，运用全球视野辩证看待、比较世界各国发展道路，系统分析中国共产党领导人民在改革开放这一伟大实践中把马克思主义基本原理同当代中国实际、时代特点相结合，创立和发展的中国特色社会主义是经得起实践检验、符合中国国情和人民意愿的。

水平五：能够根据改革开放进程中的关键人物、事件、论述，回应各种封闭僵化或改旗易帜的主张，展示对党坚持解放思想、实事求是的认同，阐述走中国特色社会主义道路的坚定信念，并在学习日常上体现追求真理的观念和行动。

七、教学活动设计意图

（简要说明教学环节、学习活动等的组织与实施意图，说明活动对目标达成和学生发展的意义，说明议题或者情境如何助力活动目标达成，分析问题情境的结构性与复杂程度等）

本课共设置了三个教学活动，从“数说”“事说”“评说”三个维度创设以下教学情境：改革开放以来各方面取得的显著成就；浦东新区的发展；改革开放中涌现的改革先锋和影响重大的改革事件；错误评价改革开放的观点；邓小平和习近平两位中央领导人对错误评价中国共产党领导的改革开放及其推动创立、发展的中国特色社会主义道路的回应。

八、教学重难点

（根据课程标准和学生实际等，围绕指向价值取向的大概念明确重点和难点）

1. 教学重点

从事实、理论和党的思想路线的重新确立层面认识党的领导对改革开放的重大意义，分析改革精神、改革先锋对中国特色社会主义道路探索的重大意义。

2. 教学难点

理性看待改革开放过程中遇到的挫折，批驳各种错误观点或思潮，系统分析中国共产党领导人民在改革开放这一伟大实践中把马克思主义基本原理同当代中国实际、时代特点相结合，创立和发展的中国特色社会主义是经得起实践检验、符合中国国情和人民意愿的。

九、教学设计

本单元教学设计具体内容见表 5 - 4 所列。

表 5 - 4　本单元教学设计表

核心问题	为什么中国特色社会主义是当代中国发展的根本方向		
教学环节	教学目标（呈现本节课大概念的学习水平）	学习活动（情境＋问题）	评价要求（结合 SOLO 分类评价理论，体现学生在学习过程中对大概念掌握的水平层级）
导入新课前测		前测情境：在改革开放的进程中，有人留恋过去，主张回到计划经济时代，对改革开放成就视而不见；有人认为国有经济效率不高，主张彻底私有化，照搬西方的政治制度。 问题：针对上述观点，你的看法是什么？我们应该如何对待实践中存在的问题，正确推进改革开放？ 学生：简要回答。 教师基于学生的回答了解其已有的学习经验，把握本课教学的重点，聚焦学生疑惑点，围绕核心问题设计学习活动。	评价参考后测的评价要求。

（续表）

核心问题	为什么中国特色社会主义是当代中国发展的根本方向		
教学环节	教学目标 （呈现本节课大概念的学习水平）	学习活动 （情境＋问题）	评价要求 （结合 SOLO 分类评价理论，体现学生在学习过程中对大概念掌握的水平层级）
讲授新课习得性学习 1	水平一：能够用某一方面的数据或事实说明改革开放以来各方面取得的显著成就，论证改革开放对中华民族的伟大意义，说明中国取得巨大成就的原因。 水平二：能够根据改革开放进程中的关键人物和事件，从事实上升到理论说明改革开放以来各方面取得显著成就的原因，认识到党的领导对改革开放、中华民族和中国特色社会主义的伟大意义。	议题一：数说改革开放，中国特色社会主义大放光彩 情境一：第一、二小组学生用数据展示改革开放以来各方面取得的显著成就。 问题：思考改革开放对中国人民、中华民族和中国特色社会主义的发展有何意义。 第一小组分享——国家经济、教育发展方面的成就。 第二小组分享——社会、生态方面发展的成就。 情境二：（视频）浦东新区——制度的变革才是真正的奇迹 问题：从浦东新区的发展分析改革开放取得巨大成就的原因。 教师小结：在改革开放的进程中，中国共产党带领全国各族人民开辟中国特色社会主义道路，确立中国特色社会主义制度。	水平一：能够用某一方面的数据或事实说明改革开放以来各方面取得的显著成就，论证改革开放对中华民族的伟大意义，说明中国取得巨大成就的原因。 水平二：能够根据改革开放进程中的关键人物和事件，从事实上升到理论说明改革开放以来各方面取得显著成就的原因，认识到党的领导对改革开放、中华民族和中国特色社会主义的伟大意义。

（续表）

核心问题	为什么中国特色社会主义是当代中国发展的根本方向		
教学环节	教学目标 （呈现本节课大概念的学习水平）	学习活动 （情境＋问题）	评价要求 （结合 SOLO 分类评价理论，体现学生在学习过程中对大概念掌握的水平层级）
讲授新课习得性学习 2	水平三：能够根据改革开放进程中的关键人物和事件，在事实、理论和党的思想路线的重新确立层面认识到党的领导对改革开放的重大意义，分析改革精神、改革先锋对中国特色社会主义道路探索的重大意义。	议题二：事说改革开放，中国特色社会主义应运而生 情境一：第三、四小组同学分享改革开放中涌现的改革先锋和影响重大的改革事件。 问题：简要分析所分享的先锋、事件对中国特色社会主义创立、发展和完善所做的贡献。 第三小组分享——农村改革：凤阳小岗村 18 位"大包干"带头人；城市改革：袁庚创办深圳蛇口工业区。 第四小组分享——阿里巴巴：不断试错、大胆革新；宗庆后和娃哈哈：推动国有企业改革。 学生：改革先锋基于国家发展需要，顶住压力，在党的支持下、发挥敢闯敢试的改革精神，共同推动制度的变革、发展，推动国家经济与社会的发展。 教师小结：改革开放的成功离不开中国共产党的领导，离不开以改革先锋为代表的全国各族人民的艰苦探索与奋斗，在此过程中，我们党坚持把马克思主义基本原理同当代中国实际、时代特点相结合，不断推进理论创新、实践创新和制度创新，成功开创、坚持和发展了中国特色社会主义。 改革在问题倒逼下展开，又在不断地解决问题中得以深化，中国特色社会主义制度、理论、文化的支持、引领，是改革开放取得重大成就的原因。 由此可见，改革开放是坚持和发展中国特色社会主义的必由之路。	水平一：能够根据改革开放进程中的某些人物和事件，分析改革精神、改革先锋对中国特色社会主义道路探索的重大意义。 水平二：能够根据改革开放进程中的关键人物和事件，从事实、理论层面认识党的领导对改革开放的重大意义，分析改革精神、改革先锋对中国特色社会主义道路探索的重大意义。 水平三：能够根据改革开放进程中的关键人物和事件，从事实、理论和党的思想路线的重新确立层面认识党的领导对改革开放的重大意义，分析改革精神、改革先锋对中国特色社会主义道路探索的重大意义。

（续表）

核心问题	为什么中国特色社会主义是当代中国发展的根本方向		
教学环节	教学目标（呈现本节课大概念的学习水平）	学习活动（情境十问题）	评价要求（结合SOLO分类评价理论，体现学生在学习过程中对大概念掌握的水平层级）
讲授新课后测拓展性学习	水平四：能够根据改革开放进程中的关键人物、事件、论述，运用全球视野辩证看待、比较世界各国发展道路，系统分析中国共产党领导人民在改革开放这一伟大实践中把马克思主义基本原理同当代中国实际、时代特点相结合，创立和发展的中国特色社会主义是经得起实践检验、符合中国国情和人民意愿的。	议题三：评说改革开放，中国特色社会主义符合国情 情境一：在改革开放的进程中，有人留恋过去，主张回到计划经济时代，对改革开放成就视而不见；有人认为国有经济效率不高，主张彻底私有化，照搬西方的政治制度。 问题：针对上述观点，你的看法是什么？我们应该如何对待实践中存在的问题，正确推进改革开放？ 学生：要具体问题具体分析，不能照搬照抄。 教师小结：在实践中回应出现的问题，既不能走封闭僵化的老路也不能走改旗易帜的邪路。要走自己的路，建设有中国特色的社会主义。 情境二：改革开放40周年取得了巨大成就，有人认为中国改革开放不是搞社会主义而是搞资本主义。因为中国改革开放不符合马克思主义经典作家关于未来社会的描述，一些政策和措施是属于资本主义的，经济社会生活中出现了资本力量过于强大、非公有经济占很大比重且更有活力、贫富差距过大等现象。	水平一：学生能冷静看待错误观点并列举某一人物或者改革措施分析说明中国共产党领导的改革开放和创立、发展、完善的中国特色社会主义是符合国情的。

（续表）

核心问题	为什么中国特色社会主义是当代中国发展的根本方向		
教学环节	教学目标 （呈现本节课大概念的学习水平）	学习活动 （情境+问题）	评价要求 （结合SOLO分类评价理论，体现学生在学习过程中对大概念掌握的水平层级）
讲授新课后测拓展性学习		邓小平曾说："我们搞改革开放，把工作重心放在经济建设上，没有丢马克思，没有丢列宁，也没有丢毛泽东。"习近平指出："中国特色社会主义是社会主义而不是其他什么主义，科学社会主义基本原则不能丢，丢了就不是社会主义。" 问题：请结合国家领导人的论述，谈谈你对上述观点的看法。 教师小结：国情不同，注定了我们必然要走适合自己特点的发展道路，即中国特色社会主义道路。中国特色社会主义理论体系是同马克思列宁主义、毛泽东思想既一脉相承又与时俱进的科学理论。马列经典理论不是教义和教条，而是指导我们行动的指南。利用资本主义国家的先进技术和管理经验不等于就是搞资本主义，而是为了促进中国特色社会主义的发展。中国经济的发展、覆盖全民的医保和脱贫攻坚战的全面胜利等说明了中国特色社会主义适合中国国情。	水平二：学生能冷静看待错误观点并从某一角度分析中国共产党在改革开放的成功和创立、发展、完善中国特色社会主义中所做的贡献，认同党的领导。 水平三：学生能辩证看待错误观点并多角度分析中国共产党在改革开放的成功和创立、发展、完善中国特色社会主义中所做的贡献，认同党的领导，坚定"四个自信"。 水平四：学生能辩证看待错误观点并系统分析中国共产党在改革开放的成功和创立、发展、完善中国特色社会主义中所做的贡献，认同党的领导，坚定"四个自信"。

（续表）

核心问题	为什么中国特色社会主义是当代中国发展的根本方向		
教学环节	教学目标（呈现本节课大概念的学习水平）	学习活动（情境＋问题）	评价要求（结合 SOLO 分类评价理论，体现学生在学习过程中对大概念掌握的水平层级）
作业设计应用性学习（聚焦学生学科核心大概念和思想方法的学习掌握情况，设计有针对性的作业）	阅读习近平《在庆祝改革开放40周年大会上的讲话》，观看纪录片《我们一起走过——致敬改革开放40周年》。以“致敬改革先锋，肩负时代使命”为主题，撰写一篇演讲稿。要求：围绕主题、观点鲜明、层次分明、逻辑清晰，字数240左右。		水平一：未能紧扣主题，观点不明确，简单罗列事例或者知识点。 水平二：基本能结合主题，观点不明确；知识运用不太正确；论证缺乏逻辑，条理性差。 水平三：观点比较明确，能围绕主题表达自己的见解；知识运用比较准确；逻辑性较强，有条理。 水平四：观点鲜明，能围绕主题明确表达自己的见解；深入分析层次分明；知识运用准确、贴切；逻辑严密，条理清晰。

十、板书设计

（呈现建构知识结构与思维发展的路径与关键点、流程图等）

本单元知识结构与思维发展的路径与关键点如图 5－2 所示。

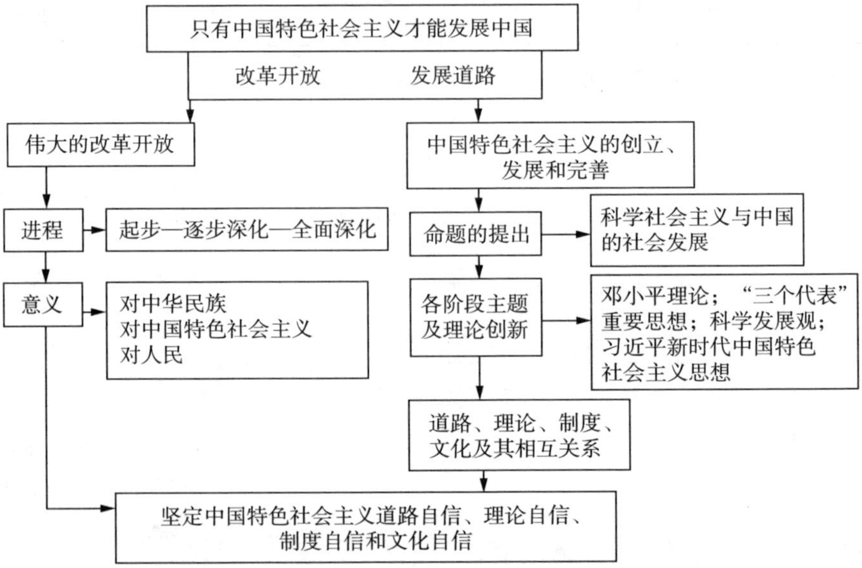

图 5-2 本单元知识结构与思维发展的路径与关键点

第三节 项目式学习教学案例

基于政治学科大概念的"媛心阁"社区公益商店项目设计

一、研读课标与教材

（依据课程标准的要求和立德树人的任务，简述本教学单元学习对发展学生核心素养的价值和意义等。根据课程标准、统编教材等，分析本单元/课教学内容在全书中的地位、与前后单元/课之间的联系、单元/课内的逻辑结构、聚焦的关键问题等）

第二单元围绕人民当家作主讲述我国人民民主专政的国体和保障人民当家作主的政治制度安排。基层群众自治制度是我国人民依法直接行使民主权利的基本政治制度。参与基层群众自治的实践活动，有助于学生了解基层群众自治制度，树立以人民为中心的政治立场和价值理念，坚定中国特色社会主义制度自信，提高有序参与社会公共生活的能力。

二、学情分析

（分析学生与本课时学习相关的学习经验、知识储备、学科能力水平、学生兴趣和发展需求、发展路径等）

学生对我国保障人民当家作主的制度及参与国家和社会生活的方式有所了解，了解了简单的“是什么、为什么和怎么做”。但是因课本内容相对简单且没有展开，学生的认知停留在认识和认可水平上，距离认同和认定水平尚有差距。学生对我国根本政治制度和基本政治制度的设计原因、公民通过依法直接参与社会事务管理进而实现民主权利的具体安排等问题都没有深刻的认识，更谈不上认同国家政治制度及在生活中积极参与社会生活。

三、校本资源分析

社区是最基层的公共生活区域，也是中学生能真实参与公共事务的最可行的地方。育才中学所处梅花村社区是位于市中心的成熟社区，社区内居民文化层次较高，参与公共事务的意识比较强。政治科组长期与社区居委会、社工组织保持密切联系，努力把社区建设成适合高中生参与公共事务的平台，让高中生走出教室，走入社会，在真正的社会大课堂中实践、学习、认识和理解社会。

四、大概念界定

（依据课程标准的要求提取三种结构化大概念类型：指向价值取向的、指向哲学思维的和指向具体学科思想方法的大概念，并着重解读指向价值取向的大概念的提取依据或者路径）

本项目式学习活动三大类型大概念内容见表5-5所列。

表5-5　本项目式学习活动三大类型大概念内容

类型	大概念内容
指向价值取向的大概念	人民当家作主是社会主义民主政治的本质特征 解读：中国共产党领导全国各族人民经过艰苦卓绝的斗争，取得了新民主主义革命和社会主义革命的胜利，建立了社会主义新中国。人民摆脱压迫，成为国家和社会的主人，实现当家做主。社会主义民主政治的本质特征是人民当家作主，社会主义中国通过各种制度设计保障和实现人民当家作主。其中，基层群众自治制度是我国保障人民民主的一项基本政治制度。扩大基层民主是社会主义民主广泛而深刻的实践。

（续表）

类型	大概念内容
指向哲学思维的大概念	上层建筑一定要适应经济基础状况；马克思主义的实践观和群众观；解放思想、实事求是。
指向具体学科思想方法的大概念	基层群众自治制度保障和实现人民当家作主的具体形式。

五、提炼核心问题

（依据“举一致用”大概念教学设计框架理论，围绕大概念提炼教学核心问题）

结合课标要求和“人民当家作主是社会主义民主政治的本质特征”这一学科大概念，确定本项目式学习活动的核心问题为：通过参与民主协商、民主决策、民主管理、民主监督的实践，推动社区失业人群的再就业，体会人民当家作主是社会主义民主政治的本质特征。

六、设置教学目标

（依据课程标准和SOLO分类评价理论，围绕指向价值取向的大概念，从学生五个习得大概念呈现的水平层级进行叙写）

水平一：能够感知人民生活水平存在差异并引用数据或事实加以说明，思考和寻找帮助弱势群体解决生活需要的方法，理解保障基层群众需求，实现民主权利的必要性。

水平二：能够感知人民生活水平存在差异并引用数据或事实加以说明，从事实上升到理论层面寻找帮助弱势群体解决生活需要的方法，理解基层群众自治制度保障社会主义人民民主的形式，认识到基层群众自治制度是保障人民当家作主的基本政治制度。

水平三：能够通过调查研究理解和说明梅花村社区弱势群体生活中的困难和需求，结合事实、理论、国家方针政策等探究为社区弱势群体提供帮助的方式方法，分析基层群众自治组织、社会工作者、社区工作人员在保障人民民主权利中的作用，理解实施基层群众自治制度对保障人民当家作主的重要意义。

水平四：能够通过调查研究和综合分析找出梅花村社区居民的弱势群体

的共性需求，结合社区的实际情况和可利用的资源，探究帮助梅花村社区居民中的弱势群体解决生活需求的可行方案，能够制定行动计划并加以论证和实施，通过行动参与基层民主自治，深刻理解基层民主自治是社会主义民主最广泛而深刻的实践。

水平五：能够通过调查研究和综合分析找出梅花村社区居民的弱势群体的共性需求，结合社区的实际情况发动和利用有关资源，实施帮助梅花村社区居民中的弱势群体解决生活需求的可行方案，评估方案的效果以改进行动方案，认同人民当家作主是社会主义民主政治的本质特征，认同我国的政治制度是保障人民当家作主的有效制度设计，在生活中主动参与基层民主自治，提高参与社区自治的能力。

七、项目式学习活动设计意图

（简要说明教学环节、学习活动等的组织与实施意图，说明活动对目标达成和学生发展的意义，说明议题或者情境如何助力活动目标达成，分析问题情境的结构性与复杂程度等）

本项目式学习活动以“发现需求—确定方案—实施方案—评估与改进”为主线，包含了五大系列活动。第一项活动：在项目式学习活动开始前，通过课堂教学介绍我国的基层群众自治制度和广州中学生参与社会治理的案例，激发学生参与实践探究的兴趣。在教师指导下，学生组建活动小组。第二项活动：在教师的引导下，学生小组进行调研，了解社会和梅花村社区的情况，浏览人大、政府等国家机关的网站信息，提出探究主题。在教师、社会工作者和志愿者的指导下，各小组共同商议确定项目式学习活动的主题。第三项活动：教师带领学生与社会工作者和社区工作人员充分沟通，确定项目学习目标，分解课程任务，学习小组根据自身情况选定探究和学习的任务，并制定行动计划。第四项活动：各小组在教师、社会工作者和社区工作人员的指导及陪同下实施行动计划。第五项活动：在行动方案的实施过程分阶段进行项目实施效果评估，解决出现的问题，改进行动方案。

八、教学重难点

（根据课程标准和学生实际等，围绕指向价值取向的大概念明确重点和难点）

1. 教学重点

结合梅花村社区实际情况，通过在社区开展实践活动认识、理解和认同人民当家作主是社会主义本质特征这一论断，分析我国的政治制度在保障人民当家作主上的主要作用。

2. 教学难点

学生通过社区调查确定活动主题后，制定和实施解决问题的行动方案，通过评估发现方案实施中出现的问题及优化行动方案以解决问题。

九、项目式学习活动设计

本项目式学习活动设计具体内容见表5－6所列。

表5－6　本项目式学习活动设计表

核心问题	如何在基层社会治理中保障人民当家作主，实现人民民主权利		
活动环节	项目式学习活动（情境＋问题）	评价要求（结合SOLO分类评价理论，体现学生在学习过程中对大概念掌握的水平层级）	
准备活动：宣传动员，激发学习动机	激发学习动机：引导学生学习、理解依法行使民主选举、民主决策、民主管理、民主监督权利的意义、途径和方式，注意激发学生的社会责任感。广州是一个公民社会发育比较好的城市，广州的中学生中涌现过一批具有现代公民意识和责任感的榜样。 问题：作为同龄人，我们是否也能参与社会治理，发挥自己的作用？ 教师结合学生的意愿指导学生完成分组工作。	激发学生学习动机，使其表现出较强的探究愿望	

（续表）

核心问题	如何在基层社会治理中保障人民当家作主，实现人民民主权利		
活动环节	项目式学习活动 （情境＋问题）	评价要求 （结合 SOLO 分类评价理论，体现学生在学习过程中对大概念掌握的水平层级）	
项目活动实施 适应性学习活动 1	1. 引入相关资源，学生通过调查研究，发现社区居民中弱势群体在生活中的实际困难，结合课本知识、国家政策等内容，提出可供探究的主题，结合各小组的情况确定共同的项目式学习活动主题。 2. 学生能根据实际情况，选择合适的项目式学习主题，明确目标。	水平一：能够结合生活经验和社区调查结果，感知社区居民生活水平的差异，理解通过多种途径和方式解决困难群众问题，提高人民生活水平的必要性。 水平二：能够结合生活经验和社区调查结果，感知社区居民生活水平的差异，理解通过多种途径和方式解决困难群众问题，提高人民生活水平的必要性，理解我国的政治制度是保障人民当家作主的有效制度设计。	
项目活动实施 适应性学习活动 2	1. 在学生、教师、社会工作者、社区工作人员四方的充分沟通中，确定项目学习目标。 2. 在教师和社会工作者的指导下，明确课程任务，并将其分解为若干子任务，学习小组根据自身情况选定探究和学习的任务。 3. 学生小组充分研究任务目标，结合国家政策和社区情况，找出任务难点，寻找问题解决方案，并制定行动计划。	水平一：能够理解项目式学习的目标，明确课程任务的要求，根据本小组的情况选定任务。能够了解社会工作者、社区工作人员在保障人民民主权利中的作用。	

（续表）

核心问题	如何在基层社会治理中保障人民当家作主，实现人民民主权利		
活动环节	项目式学习活动 （情境＋问题）	评价要求 （结合 SOLO 分类评价理论，体现学生在学习过程中对大概念掌握的水平层级）	
项目活动实施 适应性学习活动 2	4. 四方共同讨论行动方案的可行性，完善行动计划。 教师、社会工作者、社区工作人员为学生提供技术支持，必要时为学生小组提供建议。	水平二：能够明确和理解课程任务要求和本小组子任务，分析子任务的难点，能够在教师、社会工作者、社区工作人员的帮助下找出解决问题的方法，能够制定出本小组的行动计划。能够理解基层群众自治制度是保障人民当家作主的制度及其重要意义。 水平三：能够明确和理解课程任务要求和本小组子任务，清晰地分析子任务的难点，能够利用相关资源自主找出解决问题的方法，能够制定出针对本小组任务的具有较强可行性的行动计划。认同基层群众自治制度，根据其要求参与社区治理。	
项目活动实施 应用性学习活动 1	各小组在教师、社会工作者和社区工作人员的指导及陪同下实施行动计划。不同小组根据子任务开展活动。 1. 学习与社区残障人士沟通的技巧。 2. 通过电话访谈、入户访谈等方式进行调查，撰写调查报告。 3. 制定“媛心阁”社区公益商店有关制度。 4. 组织策划“媛心阁”社区公益商店义卖宣传活动。	水平一：学生能了解本小组子任务的行动方案，参与方案实施活动。通过实践活动加深对我国基层群众自治制度的理解。 水平二：学生能积极主动参与行动方案实施，积极发现方案中的问题，并尝试解决问题；在行动中自发形成对我国保障人民当家作主的各项制度设计的认可。 水平三：学生能积极主动参与行动方案实施，积极发现方案中的问题，并能有效地解决问题，推动行动方案的实施；认同党的领导，坚定“四个自信”。	

（续表）

核心问题	如何在基层社会治理中保障人民当家作主，实现人民民主权利		
活动环节	项目式学习活动（情境＋问题）	评价要求（结合 SOLO 分类评价理论，体现学生在学习过程中对大概念掌握的水平层级）	
项目活动实施应用性学习活动 2	在行动方案的实施过程分阶段进行项目实施效果评估，解决出现的问题，改进行动方案。	水平一：能够采用合理方法评估子任务行动方案的实施效果，正确看待出现的问题。 水平二：能够采用合理方法评估子任务行动方案的实施效果，正确看待出现的问题，找出解决问题的方法，改进行动方案。通过效果评估理解我国的政治制度是保障人民当家作主的有效制度设计。 水平三：能够采用合理方法评估子任务行动方案的实施效果，找出方法有效解决问题，增强方案的实施效果；认同人民当家作主是社会主义民主政治的本质特征。 水平四：能够采用合理方法评估子任务行动方案的实施效果，寻求更优化的行动方案；内化社会主义民主的要求并转化为自觉的生活行动。	
学习反思	学生通过完整参与项目式学习活动，不仅能够在知识学习能力方面有所提升，也能够学习社会调查的方法和参与社会生活的方法，升华对社会主义民主的认识，形成对社会主义民主政治本质的深刻理解和认同。		

第六章　“举一致用”思政课大概念教学的实践成效

针对“举一致用”思政课大概念教学，研究组从2011年开始关注对核心概念的深度理解，之后对“思政小课堂”和“社会大课堂”两类课型的实施方式做了大量研究。在此过程中，参与研究的老师们不仅在实践中提升了教学理念，改变了日常教学行为，还全面提高了教学效能。同时，“举一致用”思政课大概念教学也得到了学生们的认同，助力他们对核心问题的深度学习、反复思考、多情境迁移，促进了他们更好地理解学科和自我，进而更好地推动其个性发展和全面发展。研究过程中发表的系列论文也得到许多专家同行的认同和相关领导的肯定，被广州市教育局、广州市教育基金会评为“2023广州市优秀教学成果重点项目”，成果的相关理念和主张也通过越秀区、广州市及广州市外的教研、帮扶、交流活动取得了更广泛、更深远的影响。当然，随着研究的推进和成果的完善，研究组也在不断地进行总结和反思，继续在实践中开展对“举一致用”思政课大概念教学的发展研究。

第一节　“举一致用”思政课大概念教学的实践效果

本成果在助推越秀区学生的思政课学习效果、思政课高考、学科竞赛，以及教师专业成长、理论思考方面取得了突出成绩，一些论文的发表引起了思想政治学科同行和综合实践学科老师的关注，为全国的区域思政课教研、教学做出了理论与实践的贡献，为我国高中探索思政课育人模式、实现优质发展提供了方向。

一、学生的学习方式发生转变，学力显著增强

从2018年开始，笔者作为广州市越秀区政治教研员在区内做“举一致用”思政课大概念教学的推广。大概念教学以学科大概念为依据整合学科内容，是传递和落实课程目标的关键一环。它促进教师去研究和发现学科内容中影响力较大的概念，在解读课程标准、分析教材内容、了解学情基础的同时，关注学生解决学科关键问题的路径和方法，从而促进师生共同反思学科大概念、关注学科大概念的深度学习和迁移运用，让大概念与学生当前的学习和未来的工作关联，从而有针对性地帮助学生更有效率地习得和泛化这些大概念，为学生的终身发展奠定基础。

2022年，研究组对越秀区1410名高中学生进行了“高中思想政治学科大概念教学情况调查”。从调查结果可知75%的学生认为政治的学习有规律可循，92%的学生对考过的题有印象，91%的学生基本明确试题的考试意图，63%的学生比较喜欢政治学科，67%的学生觉得归纳法对政治学习非常重要，92%的学生对政治学科问题的回答有方法。下面为广州市越秀区高中思想政治学科大概念教学情况调查问卷。

广州市越秀区高中思想政治学科大概念教学情况调查问卷

第1题　你的性别【单选题】

选项	小计	比例
A 男	555	39.36%
B 女	855	60.64%
本题有效填写人次	1410	

第2题　你的学校【单选题】

选项	小计	比例
A 广州市第七中学	98	6.95%
B 广州市第十六中学	305	21.63%
C 广州市培正中学	161	11.42%
D 广州市第三中学	227	16.1%
E 广州市育才中学	128	9.08%

（续表）

选项	小计	比例
F 广东实验中学越秀学校	221	15.67%
G 广州市第十七中学	90	6.38%
H 广州市第十三中学	180	12.77%
本题有效填写人次	1410	

第 3 题　你目前所在的年级【单选题】

选项	小计	比例
A 高一	945	67.02%
B 高二	465	32.98%
本题有效填写人次	1410	

第 4 题　你喜欢思想政治学科吗？【单选题】

选项	小计	比例
A 非常喜欢	343	24.33%
B 比较喜欢	556	39.43%
C 一般	410	29.08%
D 不喜欢	101	7.16%
本题有效填写人次	1410	

第 5 题　你最喜欢思想政治课程的哪个模块？【单选题】

选项	小计	比例
A 中国特色社会主义	342	24.26%
B 经济与社会	256	18.16%
C 政治与法治	277	19.65%
D 哲学与文化	386	27.38%
E 都不喜欢	149	10.57%
本题有效填写人次	1410	

第 6 题　你喜欢这个模块的理由

选项	小计	比例
A 容易	264	18.72%
B 有趣	712	50.5%
C 实用	631	44.75%
D 擅长	394	27.94%
E 其他	139	9.86%
F 没有喜欢的	141	10%
本题有效填写人次	1410	

第 7 题　你觉得学习思想政治学科有规律吗?【单选题】

选项	小计	比例
A 有	1056	74.89%
B 没有	354	25.11%
本题有效填写人次	1410	

第 8 题　刚考完思想政治学科时，你对所考的内容有印象吗?【单选题】

选项	小计	比例
A 非常清晰	120	8.51%
B 比较清晰	648	45.96%
C 一般	528	37.45%
D 不记得	114	8.09%
本题有效填写人次	1410	

第 9 题　在思想政治学科考试时，面对考题，你清楚命题者的意图吗?【单选题】

选项	小计	比例
A 非常清楚	91	6.45%
B 比较清楚	494	35.04%
C 有的清楚有的不清楚	704	49.93%

（续表）

选项	小计	比例
D 不清楚	121	8.58%
本题有效填写人次	1410	

第 10 题 你觉得思想政治学科的考试答题有规律吗？【单选题】

选项	小计	比例
A 有规律	570	40.43%
B 有一点规律	730	51.77%
C 没有规律	110	7.8%
本题有效填写人次	1410	

第 11 题 你觉得什么样的学习方式能促进你对思想政治学科的深入思考？【多选题】

选项	小计	比例
A 案例	1000	70.92%
B 问题	514	36.45%
C 归纳总结	954	67.66%
D 做题	663	47.02%
E 项目式学习（活动型学习）	362	25.67%
F 竞赛	100	7.09%
G 写小论文	130	9.22%
F 其他	104	7.38%
G 没有什么方式	91	6.45%
本题有效填写人次	1410	

第 12 题 每次上完思想政治课，针对所学内容，你能提出问题吗？【单选题】

选项	小计	比例
A 能	223	15.82%

（续表）

选项	小计	比例
B 有时能有时不能	980	69.5%
C 不能	207	14.68%
本题有效填写人次	1410	

第 13 题　你认为思想政治学科的学习对你的生活有哪些方面的帮助？【多选题】

选项	小计	比例
A 大政方针的解读	790	56.03%
B 人生的规划	539	38.23%
C 看问题的角度	943	66.88%
D 扩充知识面	854	60.57%
E 思维的逻辑性	787	55.82%
F 社会问题的关注	1075	76.24%
G 法治意识的提高	978	69.36%
H 其他	84	5.96%
I 没有什么帮助	68	4.82%
本题有效填写人次	1410	

第 14 题　面对分科，你会选择思想政治学科吗？【单选题】

选项	小计	比例
A 会	826	58.58%
B 没想好	159	11.28%
C 不会	425	30.14%
本题有效填写人次	1410	

第 15 题　请在你所学模块中写出印象深刻的概念？【填空题】

选项	小计	比例
中国特色社会主义	521	36.95%

（续表）

选项	小计	比例
经济与生活	206	14.61%
政治与法治	307	21.77%
哲学与文化	376	26.67%
本题有效填写人次	1410	

大概念教学模式激发了区域学生对学科大概念的钻研，促进了学生对教材核心问题的理解和本质联系的发现。这种能力较好地体现在高三学生的思想政治学科的高考成绩上。因为高考采用的是水平分而不是原始分，分数本身就能体现学生的学科能力和相对水平，且新高考核心素养导向下的纸笔测试能更好地测量和评价学生学业发展的全面性和科学性。比如，在 2021 届越秀区报考思想政治学科的 1386 人中，获得 A 等级的为 513 人，占比为 37%（全省平均为 17%），A+B 率为 84.2%（全省平均为 50%）；在 2022 届越秀区报考思想政治学科的 1121 人中，获 A 等级的为 472 人，占比为 42.1%（全省平均为 17%），A+B 率为 84.2%（全省平均为 50%）；在 2023 届越秀区报考思想政治学科的 1306 人中，获 A 等级的为 588 人，占比为 45%（全省平均为 17%），A+B 率为 89%（全省平均为 50%）。

以上内容更多地反映了整个区域学生的总体发展情况。我们以一个学期为限，选取中考平均成绩基本一致的三个同类型的班级，取两个班为"举一致用"思政课大概念教学的实验班（以下称实验 1 班、实验 2 班），另一个为比较班。三个班的中考和高中第一学期末的思想政治学科平均标准分情况见表 6－1 所列。

表 6－1　三个班的中考和高中第一学期末的思想政治学科平均标准分

	中考	第一学期末	对比结果
实验 1 班	0.012138837	0.022961252	+0.010822415
实验 2 班	−0.010426875	0.06084	+0.070426875
比较班	0.025391263	0.005027	−0.020364263

从总体上看，采用"举一致用"思政课大概念教学方式的实验班通过一个学期的学习总体上取得了更显著的学业成绩。

在实验2班中，将学生分为两组，一组为参与过课前“举一致用”时评分享的学生（以下称输出型学生），一组为没参与过课前“举一致用”时评分享的学生（以下称接受型学生），将两组学生的中考和高中第一学期末的思想政治学科平均标准分再做统计，情况见表6-2所列。

表6-2　两组学生的中考和高中第一学期末的思想政治学科平均标准分

	中考	第一学期末	对比结果
输出型学生	0.048023	0.809551663	+0.761528663
接受型学生	−0.061706171	0.048023	+0.109729171

通过以上比较，我们发现“举一致用”思政课大概念教学能在整体上提高学习效率，转变学生的学习方式，但转变的程度有比较大的差异，当学生更主动地投入对核心问题、核心概念的反思和输出时，将对其学习的质量和效益有更大的帮助。

二、促进学生以责任心、使命感、研究素养、创新能力为特征的核心素养的形成

通过实施“举一致用”思政课大概念课堂教学，推动了学生在有限的课堂学习时间里更有针对性地学习相关知识，并在课后加强了其对这部分学习内容的主动反思。有学生在学习后总结道：“新课标、新教材、新高考背景下的高中学习的学习量在不断增加，但对于现在的政治课堂，我们在课前巩固的环节，能学习到身边同学对前一节课核心问题的思考和运用的案例；在新课授课的环节，能明确本节课所学习的重点是什么，以及如何从不同角度理解这个重点。对于有开小差习惯的同学，也不会错过本节课学习的重点。因为老师能从不同角度带领大家去理解核心问题，很多要点都能够在理解的基础上轻松记住，有助于我们课后去反思和运用这些重点知识。我慢慢地对思政课的学习有了更强的兴趣，也激发我更多地阅读教材和其他时政资料，从而更深入地理解知识之间的逻辑结构，在更多的测试和展示中获得被肯定的体验。”

“举一致用”思政课大概念项目式学习在为学生提供体验用学科基本原理解决实际问题的真实场景和协作机会，助力学生对学科的核心问题形成深度理解的同时，更促进了学生对社会的认知，激发了他们的社会责任感和使命感。在“学生公司”这门课程结束后，学生在总结反思中写道：“参与‘学生

公司’课程，让我系统地了解了从公司成立到公司运行的过程，满足了我对于公司运作的好奇，切实地感受了经营公司的要求，以及企业成长的社会环境和制度环境。它还锻炼了我的团队协作能力，让我学会了坚持，提高了我的演讲和统筹能力。也许有人会认为参加这种活动要花费很多时间和精力，会对学习有影响，而且确实也曾有人因此而退出。对于这点，我并不否认，那我为什么仍然坚持参加这个课程呢？一是因为公司已经成立起来了，把它运作好是我们的责任，怎能说走就走呢？二是我认为在这个课程里，我能学到很多在普通课堂里学不到的知识。另外，‘学生公司’课程为我们提供了一个锻炼各方面能力的平台，这在日常学习生活中很难实现。我非常庆幸能加入‘学生公司’的课程，也非常感谢这个平台，能让我不断进步、不断提高。”有学生在参加了“我与人大代表有个‘约会’”课程后总结道：“通过参与模拟人大活动，我深深地感受到它能增强我们的公民意识、法治意识，并在议案磋商中感受了民主政治的魅力。通过参与具体议案的提交和审议，我们可以了解每一个决议的形成，都不应仅凭主观臆测，而应以大量的调查、学习和科学研究作为支撑。这种认识可以帮助我们明确学习的目的和意义，激发我们学习的热情。通过参与议案的审议和辩论，可以提高我们的逻辑思维和表达能力，比这更为重要的是，可以培养我们尊重和倾听对方观点，让平等辩论和民主协商的种子深植于我们精神的土壤，并在未来开花结果。”

三、转变教师的教学方式，提升专业素养

通过促进教师参与学科大概念的研究，引发教师在有限的工作时间更多地关注学科的基本问题，可以促进教师对学科大概念动态、过程、发展的理解，从而建构大概念教学模式以变革教的方式，提升教学效率。

习近平总书记在学校思想政治理论课教师座谈会上强调，“思想政治理论课是落实立德树人根本任务的关键课程”，“办好思想政治理论课关键在教师，关键在发挥教师的积极性、主动性、创造性”。思想政治学科大概念的深度研究贯穿思政课教师日常的教学、教研、科研、培训工作，促进教师对课程标准和学科思想的主动思考和系统反思。“举一致用”思政课大概念教学引导思想政治学科教、学、评更多地聚焦到对学科核心概念和思想方法的学习上来，引导教学更多地关注学科学习中结构化的思维框架，引导教师在树立课程意识、研究教材教法上更多地发挥主观能动性，敢于去发现和揭示学科学习的规律，引导学生通过大概念教、学、评的方法和维度辨认有意义的认知模型，

从而促使他们在学生期间和以后的工作生活中做出明智的决策，实现通过学科学习使学生获得终身受益的核心素养的使命。

2017 年以来，围绕思政课大概念教学的研究设计教研活动，越秀区开设了省级示范课 2 节、市级示范课 10 节、区内公开课 16 节，举办了省级讲座 3 场、市级讲座 9 场、区内讲座 58 场，还开设区级培训课程 3 门。研究组成员成功申报 1 项广东省优质课程建设、广州市教研院课题“以大概念提升思想政治学科审题能力的实践研究”（课题编号：2022szk17），以及广东省百千万课题“大概念视域下初高中思政课教学目标一体化实践研究”（项目编号：BQW2021JCW002）。

研究组成员在取得丰硕研究成果的同时也获得了快速成长。2017 年以来，研究组老师 1 人被评为广州市中小学名教师工作室主持人；1 人获广州市“百名优秀学校思想政治理论课教师”；1 人成为“广东省百千万名教师”培养对象；1 人获得“南粤新秀”称号；2 人获“十佳”青年政治教师称号；3 人获广州市教师技能大赛中市一等奖；2 人获广州市教师技能大赛中市二等奖；3 人获第二届广州市中学政治教研先进个人；8 人获广州市骨干教师称号。同时，研究组成员发表论文 20 余篇，获奖 10 余人次，其社会实践课程设计获奖 5 次。

研究组为 2020 年广州市普通高中新课程新教材新高考市级培训课程提供示范课 1 节；为 2021 年广东省普通高中骨干教师新教材省级培训（思想政治）项目培训提供优质课 1 节。研究组成员在重庆巫山、阳江阳西、梅州梅江、广州黄埔、揭阳揭西等地交流、帮扶支教中作相关讲座，深受好评。

在连续三年的青年教师解题大赛中，越秀区思政课教师的解题成绩逐年提高，获得高分的人数也在不断提高。越秀区根据教师成绩在学生成绩的位置给出等级：教师成绩高于学生群体的最高分为特等奖，教师成绩高于特招线为一等奖，教师成绩高于本科线为二等奖。所以，教师的获奖反映的是教师的专业水平，跟某次考题的难易绝对值无关。2020～2022 年越秀区青年教师解题大赛获奖情况见表 6－3 所列。

表 6－3　2020～2022 年越秀区青年教师解题大赛获奖情况

年度	特等奖人数	获奖比例	一等奖人数	获奖比例	二等奖人数	获奖比例	未获奖人数	未获奖比例	参赛总人数
2022	7	20%	21	60%	2	5.7%	5	14.3%	35
2021	1	2.6%	22	57.9%	6	15.8%	9	23.7%	38
2020	0	0	10	25%	28	70%	2	5%	40

综上所述，"举一致用"思政课大概念教学已成为学生核心素养形成、教师专业素养发展的重要驱动。广东省于2020年秋季高一年级正式实施新课程、使用新教材。开展指向核心素养落实的新课标、新教材的研究，不是朝夕之力，而是长久之功，在于将其落实到每一项活动、每一节课、每一个学生，让学科核心素养带来的改变，真正内化为推动学生成长的不竭动力。这关键在于找到使学科核心素养与学生学习相连的关键要素，实现学生与学科核心素养的有效对接，而通过对大概念教学范式的研究所带来的教学方式变革推动着学生学习方式的改变，深度学习方式促进学生形成思想政治学科核心素养。

第二节 "举一致用"思政课大概念教学的辐射影响

"举一致用"思政课大概念教学的总体结构可以概括为"一个支点、两个支架、两种范式、三'本'理念、三个统一、3＋N种大概念提取路径"具体如图6-1所示。

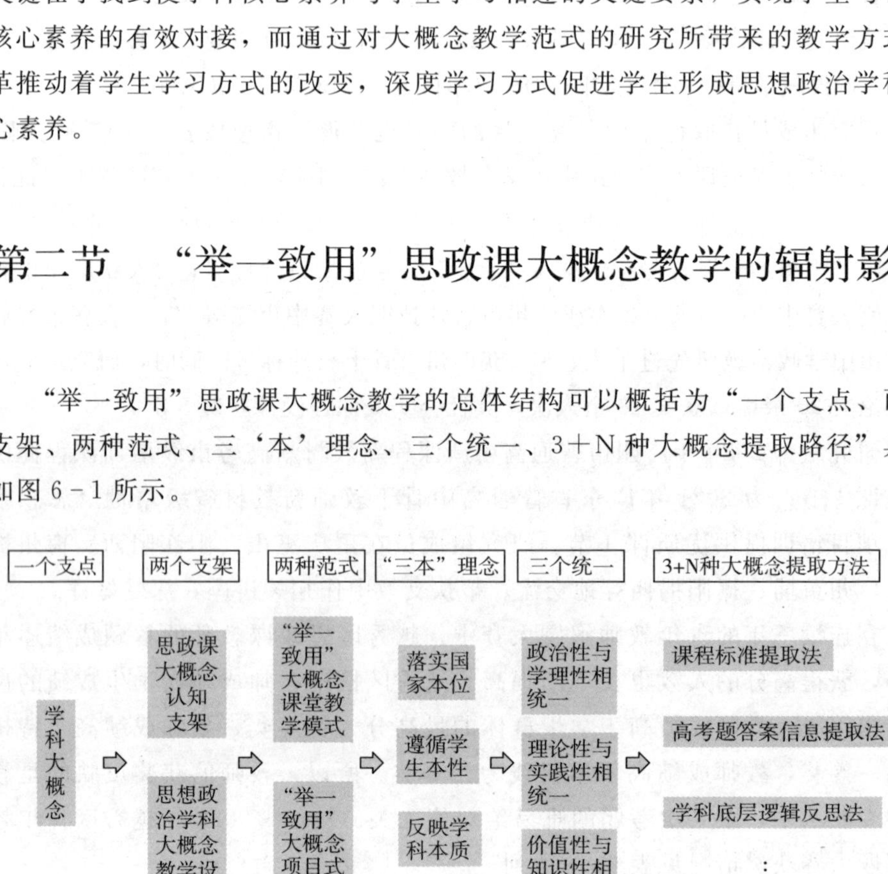

图6-1 "'举一致用'思政课大概念教学"的总体结构

"举一致用"思政课大概念教学通过对"举一致用"思政课大概念教学的界定、提取思政课大概念的策略研究、大概念教学在学科核心素养形成中的实践探索、学生思政课大概念学习效果的调查，以及"举一致用"思政课大概念教学一般范式的设置，并撰写系列的SOLO分类评价视域下的大概念教学设计等，将思政课大概念的深度研究贯穿思政课教师日常工作，提升教师的课程理解力和执行力，同时帮助学生更好地习得学科大概念，推动学生核心素养的形成。

近些年，研究组围绕思政课大概念教学开展了多次教研活动，帮助区域教师系统地、发展地认识和交流了思政课大概念对学科教学和学生发展的意义和价值。

本研究引起了越秀区高中思政教师的广泛共鸣，搭建起县域范围内共性研究的连接方式，逐步形成了“百花齐放”之势，促进了研究组教师专业素养的发展和专业自信的养成。

研究组成员积极将研究成果进行对外交流和传播，引起了区外老师们的思考和认同。研究组成员积极推广研究成果和教学主张，开设多节示范课，举办多场讲座，并在对外交流和帮扶支教中作大力宣传，深受好评。

在研究过程中，笔者及研究组成员发表了多篇与思政课大概念教学相关的论文，编撰了思政课大概念教学设计，获得多次教育成果奖项，引起全国多地思政课教师的关注。

总之，研究组通过论文、课例、讲座等方式对研究成果进行推广和传播，传播的目的在于发现有价值、有意见的教育见解和教学发现，但传播的广度和深度都非常有限，未来仍需拓宽传播渠道，增强“举一致用”思政课大概念教学的辐射影响。

第三节　“举一致用”思政课大概念教学的研究反思

总的来说，本研究致力于教学模式、育人方式及教学方法的创新，在现有的教育教学框架下，试图通过这三方面的变量推进思政课教育质量的升级。

首先，在教学模式创新方面，构建了“举一致用”大概念教学模式，优化教学内容和教学活动，量化学习评价，推进教学评一致。聚焦“举一”“致用”两个关键点，凸显学科大概念“是什么”和“怎么用”的学科价值和育人价值，增强学习过程的科学性和规律性；两次测评重视“学的起点”和“学的怎样”，以学科大概念的认知水平评估学习目标的达成度和反思教学的有效性，使教、学、评相统一。

其次，在育人方式创新方面，提供以学科大概念促进思政课理论性和实践性相统一的育人方式。以学科大概念为支点撬动四类知识在“思政小课堂”“社会大课堂”生成、提升、贯通，突出程序性知识的转化作用，改变学科应试惯性，让教学落实国家本位、遵循学生本性、反映学科本质。

最后，在教学方法创新方面，构建了学科大概念的认知支架和基于SOLO分类评价理论的高中思政课教学设计范式。创新性的知识类型融入思政课大概念，引导教师以价值取向的大概念来统领哲学思维的大概念和具体学科思想方法的大概念，深化教师对教学主题的解读和知识价值的挖掘。根据不同水平的能力要求设置教学目标和学业评价，引导思想政治学科教、学、评聚焦到对学科核心概念和思想方法的学习上来，关注学习结构化思维框架的形成。

但在总结经验的同时，我们也做了如下的反思：

首先，所有的研究都是一定时代的产物。当今世界正经历百年未有之大变局，中国特色社会主义进入新时代，这对中国和中国青年都提出了重大的挑战。这意味着青年的学习活动有基于时代要求的新变化，所以“举一致用”思政课大概念教学的研究应与时俱进，开拓创新。

其次，随着高中思政课教学内容的进一步增加，针对专业性更强的法律、逻辑这部分内容，学科大概念教学策略仍需进一步丰富；同时教学模式还有待在更大的范围内去推广和验证。

最后，“举一致用”思政课大概念教学呼唤教学管理进一步理解国家的战略要求，进一步尊重学科的科学性和规律性，进一步服务于学生的个性发展和需求差异，进一步减少对零散的知识点记忆的考查。

总而言之，“举一致用”思政课大概念教学的研究是有历史局限性的，是新教材、新课标、新高考变革下的研究产物，其中很多观点都是暂时的，但对待“如何提供更有效、更科学、更受学生喜欢的思政课”的追求是永恒的，希望对“举一致用”思政课大概念教学的探索和思考能给思政教育者带来一些有益的参考。

参考文献

[1] 简妮·爱丽丝·奥姆罗德．教育心理学精要：指导有效教学的主要理念（第3版）[M]．北京：中国人民大学出版社，2013.

[2] 吕立杰．大概念课程设计的内涵与实施 [J]．教育研究，2020，41（10）：53—61.

[3] 格兰特·威金斯，杰伊·麦克泰格．追求理解的教学设计（第二版）[M]．上海：华东师范大学出版社，2017.

[4] 林恩·埃里克森，洛伊斯·兰宁．以概念为本的课程与教学：培养核心素养的绝佳实践 [M]．上海：华东师范大学出版社，2018.

[5] 查尔斯·赖格卢特，詹妮弗·卡诺普．重塑学校 [M]．福州：福建教育出版社，2015.

[6] 李刚，吕立杰．国外围绕大概念进行课程设计模式探析及其启示 [J]．比较教育研究，2018，40（9）：35—43.

[7] 余文森．论学科核心素养形成的机制 [J]．课程·教材·教法，2018，38（1）：4—11.

[8] 刘徽．"大概念"视角下的单元整体教学构型——兼论素养导向的课堂变革 [J]．教育研究，2020，41（6）：64—77.

[9] 郭玉英，姚建欣，张静．整合与发展——科学课程中概念体系的建构及其学习进阶 [J]．课程·教材·教法，2013，33（2）：44—49.

[10] 王喜斌．学科"大概念"的内涵、意义及获取途径 [J]．教学与管理，2018（24）：86—88.

[11] 李松林．以大概念为核心的整合性教学 [J]．课程·教材·教法，2020，40（10）：56—61.

[12] 陈友芳，徐岚．从定义到语言：思想政治课概念教学的转变——兼谈《经济与社会》教学 [J]．思想政治课教学，2020（3）：4—7.

[13] 张翰．高中政治课大概念教学的实践探究 [J]．教学与管理，2020

(4)：62—65.

[14] 孙杰．大概念：结构化教学的素养进阶架构［J］．思想政治课教学，2019（8）：15—18.

[15] 张云平．构建新结构教学评框架有效反思和改进学习测评［J］．课程·教材·教法，2021，41（6）：52—58.

[16] 约翰·D·布兰思福特等．人是如何学习的：大脑、心理、经验及学校（扩展版）［M］．上海：华东师范大学出版社，2013.

[17] 孙维刚．孙维刚谈立志成才：全班55%怎样考上北大清华（第二版）［M］．北京：北京大学出版社，2018.

[18] 怀特海．教育的目的［M］．北京：生活·读书·新知三联书店，2022.

[19] 埃里克森．概念为本的课程与教学［M］．北京：中国轻工业出版社，2003.

[20] 温·哈伦．科学教育的原则和大概念［M］．北京：科学普及出版社，2011.

[21] 季芳洲．高中思想政治课大概念教学研究［D］．南京：南京师范大学，2021.

[22] 盛慧晓．大观念与基于大观念的课程建构［J］．当代教育科学，2015（18）：27—31.

[23] 张翰，黄丽．学科大概念：议题的“根·脉·魂”［J］．中学政治教学参考，2022（34）：17—19.

[24] 李刚，吕立杰．大概念课程设计：指向学科核心素养落实的课程架构［J］．教育发展研究，2018，38（Z2）：35—42.

[25] 许小丽．大概念视角下的地理学习单元重构教学［J］．高考，2022（19）：41—43.

[26] 宗德柱．大概念教学的意义、困境与实现路径［J］．当代教育科学，2019（5）：25—28+57.

[27] 刘徽．大概念教学：素养导向的单元整体设计［M］．北京：教育科学出版社，2022.

[28] 邵朝友，崔允漷．指向核心素养的教学方案设计：大观念的视角［J］．全球教育展望，2017，46（6）：11—19.

[29] 沈雪春．大单元视域中的议题式教学设计探析——以“中国共产党

的领导”为例［J］．中学政治教学参考，2021（1）：45—47.

［30］李寒梅，曹玫．基于大概念的单元教学设计［J］．思想政治课教学，2021（5）：37—41.

［31］约翰·彼格斯，凯文·科利斯．学习质量评价：SOLO分类理论（可观察的学习成果结构）［M］．北京：人民教育出版社，2010.

［32］教育部考试中心．中国高考评价体系说明［M］．北京：人民教育出版社，2019.

［33］周增为．用“关联”和“问题”建立中小学思政课教学的系统性［J］．人民教育，2020（8）：53—55.

［34］杨亮．新结构教学评框架下思政课教学新实践——以《中国特色社会主义》为例［J］．中小学德育，2022（11）：30—34.

［35］中华人民共和国教育部．普通高中思想政治课程标准（2017年版2020年修订）［M］．北京：人民教育出版社，2020.

［36］赵康．大概念的引入与教育学变革［J］．教育研究，2015，36（2）：33—40.

［37］杨亮．思想政治学科大概念的内涵、特征和效用［J］．中国德育，2021（17）：73—77.

［38］杨亮．大单元教学内容设计的三个认识——以《只有社会主义才能救中国》为例［J］．福建教育，2022（Z1）：30—32.

［39］张学新．对分课堂：大学课堂教学改革的新探索［J］．复旦教育论坛，2014，12（5）：5—10.

［40］杨亮．SOLO分类评价视域下的思想政治学科大概念教学设计［J］．广东教育（综合版），2022（10）：29—31.

［41］杨亮．思想政治学科STEM课程建设［J］．思想政治课教学，2019（1）：24—27.